教育部人文社会科学研究青年基金项目"博物馆研学活与教师实践技术搭建研究"（21

博物馆学习的
样态构建与教师实践技术搭建研究

徐 猛 彭昌奎 ◎ 编著

电子科技大学出版社
University of Electronic Science and Technology of China Press

·成都·

图书在版编目(CIP)数据

博物馆学习的样态构建与教师实践技术搭建研究 / 徐猛，彭昌奎编著. -- 成都：成都电子科大出版社，2025.1. -- ISBN 978-7-5770-1242-1

Ⅰ. G26

中国国家版本馆CIP数据核字第20247S019V号

博物馆学习的样态构建与教师实践技术搭建研究
BOWUGUAN XUEXI DE YANGTAI GOUJIAN YU JIAOSHI SHIJIAN JISHU DAJIAN YANJIU

徐　猛　彭昌奎　编著

策划编辑	杨雅薇　唐祖琴
责任编辑	杨雅薇
责任校对	彭　敏
责任印制	段晓静

出版发行	电子科技大学出版社
	成都市一环路东一段159号电子信息产业大厦九楼　邮编　610051
主　页	www.uestcp.com.cn
服务电话	028-83203399
邮购电话	028-83201495
印　刷	成都市火炬印务有限公司
成品尺寸	185 mm×260 mm
印　张	13.5
字　数	240千字
版　次	2025年1月第1版
印　次	2025年1月第1次印刷
书　号	ISBN 978-7-5770-1242-1
定　价	68.00元

版权所有，侵权必究

编　著

徐　猛　　彭昌奎

编写人员
（按照姓氏笔画排序）

任宇婷　　刘　婷　　杨沐霖　　李　涛　　肖霭龄

吴少娟　　陈秋羽　　陈　燕　　徐华珧　　黄伊琳

黄　晋　　谢　涛　　蹇　颖

前　言

随着信息技术的飞速发展和人工智能的广泛应用,社会对于人才的需求已经从单一的专业知识和技能型人才转向了更加注重创新能力、批判性思维和终身学习能力的复合型人才。在此过程中,传统的教育模式因难以满足社会对创新型人才的需求而面临着前所未有的挑战。正是在这样的背景下,博物馆成为促进学生深度学习、培养学生核心素养、实现学生全面发展的重要的非正式教育场域,其在中小学教育中的价值日益凸显。博物馆不仅是展示人类文明成果的场所,还是连接过去、现在与未来的桥梁。它通过丰富的展品和展览,为公众提供了一个直观、生动的学习环境。在博物馆中,学生可以亲身体验历史文化的魅力,探索科学世界的奥秘,获得艺术创作的灵感。这种基于实物的学习方式,能够极大地增强学生的兴趣和参与度,提高学习效果。作为一种非正式学习,博物馆学习以其独特的文化性、情境性、互动性和体验性,为学生提供了一个全新的知识获取和素养培养的渠道。

《博物馆学习的样态构建与教师实践技术搭建研究》一书正是在这样的背景下应运而生的。本书从核心素养的培育出发,探讨了博物馆学习在信息时代的重要性和必要性,以"学习即知识创造"的隐喻为基础,从多个教育理论视角出发,深入探讨了博物馆学习样态的基本内涵、理论基础、底层逻辑、核心要义、重要因素、关键要素等,以期实现对博物馆学习样态的整体构建,为教师设计与实施博物馆学习活动提供技术指引。

本书不仅对博物馆学习样态理论进行了系统阐述,还对教师设计与实施博物馆学习活动的相关技术进行了深入探索。希望本书的出版,能够激发更多人对博物馆教育功能的关注和研究,进而推动博物馆教育事业的发展,为培养更多具有创新精神和实践能力的人才做出贡献。

在本书撰写过程中,我们得到了四川博物院副院长、文博研究馆员钟玲,成都师范学院教授刘小强，成都市教育科学研究院综合实践活动课程教研员肖慧等许多专家学者的指导和帮助，也参考了大量的文献资料。在此，我们对所有给予支持和帮助的人表示衷心的感谢。同时，我们也期待读者在阅读本书的过程中，能够提出宝贵的意见和建议，共同推动博物馆教育事业的发展与进步。

作　者

2024年9月

目 录

第1章 绪论 ··· 1
1.1 博物馆和博物馆教育 ··· 1
1.2 博物馆学习：博物馆教育意义的实现途径 ···················· 2
1.3 博物馆学习的现状与主要问题 ······································· 5
1.4 博物馆学习样态的研究背景 ··· 6
1.5 博物馆学习样态的研究意义 ··· 9
1.6 研究的主要内容 ··· 11

第2章 博物馆学习的样态构建 ·· 14
2.1 博物馆学习的时代趋势 ··· 14
2.2 博物馆学习的样态构建 ··· 15

第3章 博物馆学习样态构建的理论基础 ····························· 23
3.1 建构主义视角下的博物馆学习 ····································· 23
3.2 人本主义视角下的博物馆学习 ····································· 27
3.3 认知主义视角下的博物馆学习 ····································· 30
3.4 行为主义视角下的博物馆学习 ····································· 33

第4章 知识创造：博物馆学习样态的底层逻辑 ················ 36
4.1 关于学习的三个隐喻 ··· 36
4.2 知识是博物馆学习样态的基本构成要素 ····················· 41
4.3 博物馆知识的特点 ··· 43

4.4　博物馆知识的四种类型 ……………………………………………… 48
　　4.5　博物馆知识与学科学习的关系 ………………………………………… 50
　　4.6　博物馆的知识阐释体系 ………………………………………………… 51
　　4.7　从阐释的知识到自我创造的知识 ……………………………………… 59

第5章　**深度理解：博物馆学习样态的核心要义** ……………………………… 67
　　5.1　深度理解与博物馆学习的关系 ………………………………………… 67
　　5.2　实现深度理解的认知要素 ……………………………………………… 71
　　5.3　实现深度理解的两个内核 ……………………………………………… 74
　　5.4　促进深度理解的两条路径 ……………………………………………… 79

第6章　**博物馆学习样态构建中的非认知因素** ………………………………… 97
　　6.1　学习是认知因素与非认知因素共同参与的过程 ……………………… 97
　　6.2　博物馆学习样态构建中非认知因素的具体内容 ……………………… 99
　　6.3　在博物馆学习样态构建中如何利用非认知因素 …………………… 102

第7章　**博物馆学习中的情境** …………………………………………………… 106
　　7.1　情境在博物馆学习中的作用 ………………………………………… 106
　　7.2　博物馆学习情境的主要特点 ………………………………………… 108
　　7.3　博物馆学习情境的类别 ……………………………………………… 110
　　7.4　创设博物馆学习情境的思路 ………………………………………… 112
　　7.5　创设博物馆学习情境的策略 ………………………………………… 113

第8章　**不同类型博物馆的学习目标与学习活动** …………………………… 116
　　8.1　自然地理类博物馆的学习目标与学习活动 ………………………… 116
　　8.2　科技科创类博物馆的学习目标与学习活动 ………………………… 118
　　8.3　历史文化类博物馆的学习目标与学习活动 ………………………… 120
　　8.4　民俗工艺类博物馆的学习目标与学习活动 ………………………… 123
　　8.5　行业领域类博物馆的学习目标与学习活动 ………………………… 126

第9章　博物馆学习的主要学习方式 ···································· 130

- 9.1　体验式学习 ···································· 130
- 9.2　具身性学习 ···································· 134
- 9.3　探究式学习 ···································· 137
- 9.4　项目式学习 ···································· 139
- 9.5　游戏化学习 ···································· 145

第10章　博物馆学习的学习行为 ···································· 149

- 10.1　博物馆学习是一种非正式学习 ···································· 149
- 10.2　博物馆学习的学习行为 ···································· 152
- 10.3　博物馆学习行为的内在特征 ···································· 154
- 10.4　博物馆学习中促发学习行为的要素 ···································· 157
- 10.5　学习行为的发生 ···································· 160

第11章　博物馆学习中的评价 ···································· 165

- 11.1　博物馆学习中的评价存在的主要问题 ···································· 165
- 11.2　博物馆学习中的评价的基本理念 ···································· 166
- 11.3　基于逆向设计的评价 ···································· 168
- 11.4　基于博物馆学习结果的评价内容 ···································· 172
- 11.5　评价工具的类型与使用场景 ···································· 176
- 11.6　博物馆学习中的作业设计 ···································· 178

第12章　博物馆学习样态构建中的教师实践技术 ···································· 191

- 12.1　博物馆学习样态构建中教师的关键技术 ···································· 191
- 12.2　对教师的给养 ···································· 203

后记 ···································· 205

第1章 绪 论

博物馆不仅承载着历史文化，还承担着教育功能。为发挥博物馆独特的育人价值，博物馆、中小学校、社会机构都愈发重视对博物馆资源的利用博物馆中的学习活动不仅包括对展品的观看与认识，还包括对文化、艺术和科学的综合体验。然而，由于文博与教育存在专业差异，导致当前博物馆学习面临目标模糊、知识随意、课程零散等问题。在博物馆教育愈发受到重视，以核心素养为导向的中小学课程改革深入推进，以及学习科学不断发展等多重背景下，研究博物馆学习具有了重要的理论价值和现实意义。本书深入探讨了博物馆学习样态的基本内涵、理论基础、底层逻辑、核心要义、重要因素、关键要素等，以期实现对博物馆学习样态的整体构建；同时，为教师设计与实施博物馆学习活动提供技术指引。

1.1 博物馆和博物馆教育

1.1.1 博物馆的教育意义

博物馆作为人类文明的关键承载者，汇聚了深厚的历史、文化和艺术价值。它们在传承历史文化遗产、记录人类文明进程以及促进社会进步方面发挥着至关重要的作用。

博物馆是历史文化的传承者。通过收藏、展示和研究文物或展品，博物馆将人类历史和文化遗产传递给公众，帮助人们深入了解历史与文化，培养民族自豪感和文化自信心。

博物馆是人类文明的记录者。博物馆的藏品和研究成果是人类智慧的结晶，记录了人类文明在不同阶段的发展水平。通过学习和研究这些展品，可以提升人们的文化素养、审美水平，甚至从中获得对未来发展的重要启示。

博物馆是文化传递与社会进步的双重引擎，其不仅肩负着文化传承的重任，亦在社会进步中发挥着关键推动作用。博物馆通过展示各种文明成果，传播前人的经验和智慧，激发人们的创造力和探索精神。同时，博物馆通过举办面向各类人群的教育活动，提高公民的文化素养，促进社会的和谐与进步。

总之，博物馆作为一种非营利性的公共机构，其主要职能是搜集、保存、研究、展示和传播人类历史、艺术和科学等方面的遗产。它以丰富的馆藏资源为核心，通过举办展览活动，向公众提供知识与文化服务，增进人们对文化和历史的认知、理解、认同及尊重。同时，博物馆也是一个文化教育机构，它以实物展出为载体，引导公众就相关文化主题进行思考和学习。因此，博物馆是收藏和展示物品的场所，它更是一个通过物品的搜集、保护、阐释和展览，重新界定人类与世界的关系、重塑人与物的联系网络并构建新的意义体系的社会机构。

1.1.2 博物馆教育的内涵

"教育"是人类有意识地传递经验、激发潜能的社会实践活动。2007年，在奥地利维也纳召开的第21届国际博物馆协会（简称"国际博协"）代表大会对博物馆的定义进行了修订，首次将"教育"作为博物馆的第一要能予以阐述：博物馆"为教育、研究、欣赏的目的征集、保护、研究、传播并展出人类及人类环境的物质及非物质文化遗产"。[①]在"博物馆教育"这一概念中，"教育"指的是与正式教育形式相对的一种非正式教育方式。它特指在博物馆这一特定场所或背景下所开展的教育活动，从而扩展了教育这一概念的应用范围。它视"教育"的核心为认知与行动的统一，于博物馆的特定环境中探寻与之相匹配的教育内容。总体而言，博物馆教育是一种利用博物馆资源开展的非传统教育形式。这种非正式教育与规范化、标准化的学校教育存在着显著差异。

1.2 博物馆学习：博物馆教育意义的实现途径

1.2.1 博物馆学习的内涵与特性

从广义上讲，博物馆学习是在博物馆、艺术馆、科技馆、动物园、水族馆、植物园

---

① 段俊吉.作为教育方法的博物馆[J].东南文化，2021（5）：183-189+191-192.

等非正式学习环境中，利用场馆资源开展的知识获取和认知提升活动。博物馆教育注重情境的融入、参与者的互动以及实践活动的开展，与学校教育互为补充，为学习者开辟了更为丰富和多元化的学习路径。在博物馆中，学习不是依赖于书本，而是通过直接观察、亲身体验和互动操作来实现的。学生可以近距离地接触历史文物、科学展品和艺术作品，感受它们所承载的文化内涵和历史价值，从而深化对事物的认识，对历史的感知，对文化的理解。这一过程如加拿大博物馆学家拜伦·洛德所言，是在"一个以展品为焦点的非正式及自愿的语境中发生"的，表现为一种"转换体验"，从中发展出"新的态度、兴趣、欣赏、信念或价值观"。[1]

博物馆学习具有学习对象的实物性、学习内容的广博性、学习形式的非正式性及学习过程的社会性等基本特性。第一，对象的实物性。博物馆学习是以博物馆的展陈为基本对象的。博物馆的展陈以实物为核心，通过展示真实的文物、标本等，为学习者提供包含视觉、触觉、听觉等多感官体验的学习资源。这种实物性是博物馆学习的基本特性，它使得学习者能够直接与历史和文化互动，进而增强学习的直观性和体验性。第二，内容的广博性。博物馆的收藏品具有广泛性和多样性，覆盖了自然、历史、艺术、科学等各个领域，能够让学习内容打破学校课程、教材等的限制，直达人类文明的智慧成果。第三，形式的非正式性。与学校教育相比，博物馆学习是一种非正式的学习。它不强调系统的课程和完整的知识体系，更注重鼓励学生根据自己的兴趣、疑惑、节奏进行学习和探索。这种非正式性使得博物馆学习的规模、形式和场所都非常灵活。第四，过程的社会性。博物馆学习不仅是个体的自我提升过程，更是一种具有社会属性的活动。在参与学习的过程中，学习者能够与他人进行交流、分享与讨论，从而构建起共同的学习体验和认知。这种学习有助于培养学习者的社交能力和团队协作能力。

1.2.2　博物馆学习与博物馆教育的关系

博物馆学习与博物馆教育在理论和实践层面均具有紧密的关联性。博物馆学习强调学生在博物馆这一特定场域中主动地学习、探索，突显学习的自主性、体验性和实践性。具体来说，博物馆为学生提供了一个不同于传统课堂的沉浸式学习环境，使学生能

---

[1] LORD BARRY. What is museum-based learning? [M]. Toronto: AltaMira Press, 2007.

够在此环境中开展观察、思考和动手操作等学习活动，进而主动获取知识、积累经验。博物馆教育重视个体间的差异性以及个人需求，强调学习过程与方法的重要性，旨在培养学习者的独立学习与问题解决能力。

博物馆教育依托于博物馆这一平台，通过一系列丰富的学习活动，旨在有目的地、有系统地向学习者传递知识、传播文化、传导价值，是一种实践性的教育活动。博物馆学习是博物馆教育的重要实现途径和手段。博物馆教育往往需要通过博物馆学习这一方式，实现其教育目标。两者的结合有助于形成一个完整、系统的教育体系，更好地满足受众的学习需求和发展目标。

综上所述，博物馆学习强调以学习者为中心，而博物馆教育则侧重于以教育者为中心。博物馆教育的核心在于文化意义的传递——博物馆的专业人员或其他教育工作者通过科学的研究和展示手段，将文化内容以媒体化、可视化的方式向学习者传播。博物馆学习的重要价值在于文化意义——在博物馆场域中的学习者，通过参观展览、参与活动等途径感知文化意义，并在个人经验的基础上构建对文化意义的理解。深入研究这两者之间的关系，有助于我们更深刻地认识博物馆在教育领域的作用与价值，并为教育研究与实践的拓展提供新的视角和方向。

1.2.3 博物馆学习的样态

构建博物馆学习新样态，是以对儿童[①]学习、实践、创造的本能、欲望的肯定为前提，以"学习即知识创造"的隐喻[②]为基础，利用驱动问题[③]与系列任务[④]带动学习者主动进行分析、联想、关联、整合、迁移等认知活动，调动学习者的情感、兴趣、好奇心、灵感等非认知因素，使学习者在情境中综合使用各种学习方式参与不同类型的学习活动，并通过观察、阅读、倾听、交流、探究、创造等具体学习行为实现对博物馆知识

[①] 根据《联合国儿童权利公约》，本书中儿童是指18岁以下的任何人。
[②] 隐喻是通过比喻或类比的方式，将一个概念或实物放入另一个概念或实物中，将两种不同的事物联系在一起，以达到表达深层含义或暗示的目的的修辞手法。本书中关于学习的三个隐喻，指"学习即个体获得"的获得隐喻，"学习即情境参与"的参与隐喻，"学习即知识创造"的创造隐喻。
[③] 学习中的驱动问题是指那些能够激发学生好奇心、探索欲和学习动力，引导他们深入探究学习内容、寻找解决方案并达成学习目标的核心问题或疑问。
[④] 学习中的系列任务是指为达成学习目标而设计的一系列有序、相互关联的学习活动。

的深度理解与创造性参与,将博物馆中的知识转化为学习者自我创造的知识,进而在学习过程中体悟生命价值的学习状态。本书中的博物馆学习样态是对博物馆学习各相关要素及各要素之间关系的统一性表述。

在博物馆学习的新样态中,学习者不再是被动的知识接受者,而是积极的知识创造者。他们沿着问题线索,对博物馆展陈的信息进行创造性参与,形成个性化的学习体验和学习成果。

1.3 博物馆学习的现状与主要问题

1.3.1 博物馆文化功能与教育功能的二元割裂

博物馆在文化传承与教育普及之间存在显著的功能差异,可能会导致二者出现二元割裂的问题。作为文化遗产的守护者,博物馆肩负着传承人类文化的使命,它通过展示各类展品呈现人类文明的发展脉络。然而,博物馆在履行教育职能方面存在一定的局限性,导致其教育普及效果不尽如人意。博物馆的展览和教育项目过于专业,与公众的认知水平和接受能力存在一定的距离,可能会难以引发观众的兴趣和共鸣。为了弥合这种二元割裂的状态,博物馆需要加强与学校、社区等机构的合作与交流,共同开发不同类型的教育项目。同时,博物馆还需要不断创新展览方式,运用数字化、沉浸式、交互式等现代技术手段,提高观众的参与度和体验感,以实现更广泛的教育普及。

1.3.2 博物馆学习存在走马观花的情况

博物馆学习中的走马观花问题,实际上涉及观众参与度、信息传递方式和学习过程等多个方面。在学术领域,这些问题与教育心理学、学习理论和博物馆学等领域有着密切的联系。从教育心理学的角度来看,观众的参与度低可能与学习动机、兴趣和环境等因素有关。心理学中的认知失调理论认为当学习环境与学习动机不匹配时,观众很难产生深入学习的动力。因此,博物馆需要从学习动机和兴趣的角度出发,设计更具吸引力的展览和活动,激发观众的学习兴趣和积极性。在学习理论方面,建构主义理论认为学习具有建构性质,而非单纯被动吸收知识。因此,博物馆学习需要从传统的单向信息传递方式向交互式、参与式学习方式转变。另外，博物馆学领域的研究也为我们解决这些问题提供了理论支撑。根据博物馆学中的展览评估理论，展览的互动性、参与性和持续性是影响观众学习效果的重要因素。因此，博物馆需要从展览设计、活动策划等方面入手，提高互动性、参与性和持续性，以提升观众的学习体验和学习效果。

1.3.3　学校教师与博物馆工作人员的专业差异

学校教师是指经过专业训练，在学校对学生实施教育的一种职业角色。国家在加强教师队伍建设方面出台了一系列文件，提倡教师应在掌握基本的教育教学技能基础上，持续增强教学反思与研究的能力、现代信息技术的应用能力以及课程研发与实施能力。而博物馆工作人员主要进行藏品的搜集、整理、鉴定、保管、研究、陈列、展览以及宣传教育等专业活动。学校教师与博物馆工作人员是两种不同的身份，专业领域不同，两者存在明显的专业差异。这种差异主要体现在三个方面。第一，知识体系差异。学校教师主要关注学科知识，而博物馆工作人员则更注重展陈领域的知识和技能，如历史、艺术、考古等。第二，教学目标不同。学校教师的教学目标是帮助学生在学习知识的过程中培养核心素养；而博物馆工作人员则更注重观众的参与、体验和思考，形成文化认同与文化自信。第三，教学方法的差异。学校教师擅长基于学生的认知特点设计多样化的学习活动；而博物馆工作人员则更擅长对展品及其背后的信息进行讲解，同时设计活动带动观众主动参与、探索和发现。

1.4　博物馆学习样态的研究背景

1.4.1　博物馆教育的兴起

我国博物馆教育的兴起与近代博物馆的创建同步，在一百多年前，我国最早引入并创办的博物馆即以教育为核心。从1912年到1936年，我国博物馆事业呈现出蓬勃发展之势，博物馆数量有了大幅增长，博物馆的各项社会活动也逐步开展。在新中国成立前的数十年间，我国博物馆教育的理念深受西方博物馆教育的影响，活动形式单一，展览活动是教育的主要途径。新中国成立后，我国博物馆事业开启了新的历史发展阶段。改革开放以来，我国博物馆教育迅速发展。1999年6月13日，中共中央、国务院颁布的

《关于深化教育改革全面推进素质教育的决定》指出,"实施素质教育应当贯穿于学校教育、家庭教育和社会教育等各个方面","各类文化场所(博物馆、科技馆、文化馆、纪念馆等)要向学生免费或优惠开放"。我国的博物馆回归了原有的文化教育使命,开始发挥越来越多元的文化教育作用。

1.4.2 "双减"时代的现实需求

2021年"双减"政策落地,释放出扩大优质教育资源,对接优质校外服务的巨大需求,为深化馆校合作提供了新的政策窗口期。要抓住改革机遇,关键还在于理解政策背后对教育综合改革的深层关切。通过构建机制通畅、共生发展的学习资源体系,突破基础教育和博物馆教育之间的壁垒,建立馆校合作的关系,催生出更加完善、普惠、面向未来的教育生态。[①]

基于此,博物馆需要更加深入地挖掘和整合自身的教育资源,使其更具教育意义和学习价值。同时,这些资源需要与学校教育内容相结合,才能为学生提供更丰富、更全面的学习体验。

1.4.3 素养导向的课程教学改革

《义务教育课程方案和课程标准(2022年版)》强调"以核心素养为导向",这一内容是基于学生终身发展和社会进步的需求提出的。在此框架内,课程应当确立育人的核心主线,强化正确价值观的引领作用,注重培育学生的品格与关键能力。通过具有综合性和实践性的课程,可以培养学生解决复杂问题的能力。博物馆学习可以让学生接触到不同的文化、历史和社会背景,帮助学生拓宽视野,理解多元文化。博物馆的展品和活动可以启发学生思考,培养他们的批判性思维和问题解决能力。借助博物馆资源,设计具有复杂性的问题情境或实践任务,在问题与任务驱动下,学生将经历参观、体验、探究、实践等一系列活动,以培养核心素养。

[①] 宋娴. "双减"背景下科学类博物馆教育生态体系搭建:现状、困境与机制设计[J]. 中国博物馆,2022(1): 4-9+127.

1.4.4 从"教"到"学"的范式转型

从"教"到"学"的范式转型标志着深远且关键的教育变革,这反映了教育理念的深刻调整。传统的教学框架往往聚焦于教师的角色,侧重于单向的知识传授,未能充分激发学生的主体性和创新能力。这种教学在很大程度上限制了学生的发展,也难以适应现代社会的快速发展和变化。在教育范式的转变过程中,教师的角色已从单纯的知识传递者转变为学生学习过程中的引导者和促进者。这一变化迫使教师持续更新教育理念和教学方法,密切关注学生的学习需求和个性差异,构建一个充满活力、互动频繁且鼓励创新的学习环境。同时,学生亦不再是被动的接受者,而是学习的主体。学生需要积极参与学习过程,主动思考和探索问题,培养自身的批判性思维和解决问题的能力。此种转变要求学生必须具备独立学习的能力以及良好的学习习惯,能够实现自我管理、自我监督以及自我评价。

1.4.5 学习科学的发展

学习科学起源于认知科学领域,并在此基础上发展成为一门新兴学科。经过数十年的研究,学习科学领域的专家们就学习过程中的几个基本问题达成了共识,包括深度理解的重要性、学习过程相对于教学过程的中心地位、学习环境的构建、在学习者现有知识基础上建立新知识的重要性,以及反思在学习过程中的关键作用。与学习科学相关的学术研究主要集中在建构主义研究领域,在认知科学、信息技术以及社会文化领域也有很多研究。从大脑学习机制、非正式与正式学习环境等多个角度出发,研究者们对学习过程中的多种现象进行了观察和描述,并在此基础上形成了许多共同的观点,这些观点深刻地影响了学习科学所关注的问题和应用方法。学习科学的研究历程始终贯穿着两个问题:"在学习环境中究竟发生了什么?它又是如何促进学生的表现和进步的?"在博物馆这一特定场所,研究者们应持续关注学生在问题和任务驱动下的学习活动,以及如何使学习过程真正发生。

1.5 博物馆学习样态的研究意义

1.5.1 理论意义

1. 发展学习的隐喻

在知识获取的隐喻中，学习聚焦于知识的客观性及其传承，这一视角导致了以个体为中心的学习路径以及灌输式的教学手段。而参与隐喻则把焦点转向了知识的社会性构建、情境中的深度参与以及通过互动生成新知识的过程，这一转变引领了教学向更加注重参与、协作、共享与展示的方向发展。在应对信息社会迅猛发展的挑战时，新时代的学习不应局限于对现有知识的吸收和团队知识的交流，而应致力于对群体知识的吸收、重组以及个体知识的创新。博物馆学习样态构建提出"学习即创造"，这是对学习的第三种隐喻"学习即知识创造"的拓展式解读，也是对获得隐喻与参与隐喻的超越。

2. 构建学习新样态

构建学习新样态是指改变对学习方式的片面选用和学习流程的线性设计，用复杂性思维构建问题与任务驱动的学习过程。新样态针对不同类型博物馆设计的一系列典型的学习活动，探讨认知与非认知因素是如何影响学生对博物馆学习对象的深度理解，探索具有复杂性、开放性、体验性、创造性的学习行为是如何发生的。通过对学习本质的挖掘、发生机制的探索、影响因素的分析、外在形式的描述，形成能够刻画内在特征和外显行为，能够表现运作机制、组织方式和能够协调理性要素与非理性要素的博物馆学习新样态。

3. 搭建技术新框架

在博物馆学习样态构建过程中，要充分关注教学技术作为理念与实践黏合剂的重要作用，针对课程与教学二元割裂、对非理性因素[①]关注不够、开放性空间[②]创设不足等问题，搭建多维式课程升维技术、无边界环境创设技术、学习支架搭建技术、附带性学习

[①] 非理性因素：作为学习过程中的重要影响因素，它与认知因素相辅相成，涵盖了情感、兴趣、动机、意志、好奇、兴奋和灵感等多个方面。
[②] 开放性空间：本书中特指博物馆这一开放性空间。

支持技术、学习动机维持技术、深度对话技术、学习活动管理技术、伴随性评价技术[①]等组成的教学技术框架，支持建立新的博物馆学习样态，为学习样态与教学实践的统一提供行动路径。

1.5.2 实践意义

1. 为核心素养落地提供技术支持

虽然核心素养在理论与实践层面都得到了积极响应，但在其落地实施过程中，却面临着一个关键问题：即学习过程的技术性支撑不足。为了解决核心素养实施过程中的"最后一公里"难题，必须提供学习过程所需的技术性支持。在博物馆学习中，要实现学生核心素养落地，就要通过新学习样态的构建和教学技术的搭建，为核心素养在学习环节中的真实落地提供技术性支撑。

2. 为学习活动设计提供方法指引

笔者认为，目前的中小学校学习活动模式化建构中，各种模式表现出明显的线性化、简单化特征，出现了大量基于前置自学、小组交流、班级汇报、拓展延伸等环节进行的学习流程再造和学习活动设计，让学习演变成了一种流水线的操作过程，丧失了丰富性、深刻性，脱离了学习的内涵意蕴。博物馆学习样态的构建对于学校教育教学实践而言有什么价值呢？博物馆可以让参观者了解自己的学习特性、学习需求。从这个角度看，博物馆学习样态构建就像一面镜子，一方面对博物馆整体提升及博物馆文化教育活动有促进作用，另一方面对于博物馆学习者具有更重要的现实意义。以分析、关联、迁移等认知因素和兴趣、兴奋、灵感等非理性因素融合的活动能形成新的博物馆学习样态，以促使博物馆学习以深度理解与自我创造为核心，通过一系列典型的学习活动促使具体学习行为的发生，为复杂性思维下的学习活动设计与实施提供方法指引。

3. 为教学技术精进提供行动策略

博物馆展陈涵盖了历史、艺术、科技、自然等多个领域的知识，通过对博物馆展陈

[①] 多维式课程升维技术、无边界环境创设技术、学习支架搭建技术、附带性学习支持技术、学习动机维持技术、深度对话技术、学习活动管理技术、伴随性评价技术将在第十一章进行详细阐述。

的学习，学生可以接触到丰富的跨学科知识。从这个角度出发，教师也必须具备跨学科教学思维与能力。因此，本书不局限于学与教的关系探讨，而是从挖掘学习的本质特征出发，探究教学实践的底层逻辑，基于博物馆学习样态的构建促进学习者形成深度参与、深刻理解、深层建构、深切体悟的目标，为中小学教师提供具体的支持技术，在复杂性、开放性的学习样态中引导教师对教学技术进行系统提升。

1.6 研究的主要内容

1.6.1 基本概念：什么是博物馆学习样态

博物馆学习样态的构建是指以学生为学习中心，利用博物馆类的场域为学生创设学习环境，激发学生内在学习动机，围绕核心问题进行知识的汲取、转化与内化，进而建构意义的过程。本书研究的主要对象——博物馆学习样态，是在建构主义、人本主义、认知主义、行为主义等理论观照下，对博物馆学习状态的整体建构，是对博物馆学习各相关要素及其关系的统摄性表述。

1.6.2 理论基础：博物馆学习样态构建的主要理论基础

笔者通过对不同流派教育理论的梳理，发现其与博物馆学习样态构建的关系，尝试阐释博物馆中学习活动的设计与实施、学习行为的发生与维持等相关实践行动背后的理论内涵。

1.6.3 底层逻辑：博物馆阐释的知识如何转化为自我创造的知识

笔者依循学习研究的发展轨迹，发展"学习是知识创造"的新隐喻，认为每个儿童、每位公民在本质上都不仅是知识的消费者，而且是知识的创造者和建设者。在此视角下，博物馆学习的底层逻辑是将博物馆阐释的知识转化为自我创造的知识。本书将探讨在这个过程中，学习者应如何依据自身的经验、认知及情感等要素，对知识进行深度加工、系统重组以及创新，进而构建出个人独特的知识体系。

1.6.4 核心要义：在问题与任务驱动下实现深度理解的认知活动

作为知识创造的个体，学生在开展博物馆学习过程中创造自己的知识体育的核心要义是实现深度理解。本书将从问题驱动、任务驱动两条路径探讨如何在博物馆学习中促进学生的深度理解，从认知要素的视角提出相关活动建议，为自我的知识建构奠定基础。

1.6.5 重要因素：生命价值立场上关注非认知因素对博物馆学习的影响

学习是认知因素与非认知因素交织并进的过程，两者相互依存，缺一不可。非认知因素即非智力因素，是指除直接参与认知活动的智力因素外，所有对认知活动的效率与成果产生重要影响的心理因素的总称。这些心理因素虽不直接作用于认知过程，但却对其产生了深远的影响。本书将充分关注非认知因素对具有非正式特征的博物馆学习的发生与发展产生的影响，从生命价值的维度突显博物馆学习样态的完整性。

1.6.6 关键要素：学习情境、学习活动、学习方式、学习行为与学习评价

学习情境、学习活动、学习方式、学习行为与学习评价是博物馆学习样态构建的关键要素，是让学习样态能够落地实施的关键。本书将基于前述底层逻辑、核心要义与重要因素，从实践的维度重点探讨学习情境的特点、类别与构建策略，不同类型博物馆特定的学习目标与典型的学习活动，在这些学习活动中使用的主要学习方式与学生具体的学习行为，以及确保学习效果达成的评价技术，为博物馆学习样态的构建提供实践层面的关键抓手。另外，为了丰富实践层面的课程工具，本书还就博物馆学习中一类特定的评价（即作业）进行了专题探讨，力图为教师提供实用的操作指南。

1.6.7 技术支架：为教师提供的技术支持

在博物馆学习样态的构建中，教师扮演着举足轻重的角色。然而，由于博物馆教育

领域的专业鸿沟以及教师在该方面知识上的欠缺，针对博物馆学习样态与教师习惯的学校教学存在的明显差异，还需要为教师提供课程升级技术、无边界环境创设技术、学习支架搭建技术、附带性学习支持技术、学习动机维持技术、深度对话技术、学习活动管理技术、伴随式评价技术等，方能让博物馆学习的新样态真正在实践中得以建立。

第2章 博物馆学习的样态构建

2.1 博物馆学习的时代趋势

2.1.1 信息时代下的核心素养

信息技术的深度应用与人工智能的发展催生了工业4.0，并重构着人们的生活、学习和思维方式，改变着人与世界的关系。一方面，基于数理逻辑的简单工作将逐渐被人工智能取代；另一方面，世界发展变化的速度进一步加快，后现代主义的蝴蝶效应日趋增强，人类社会面临的问题愈发复杂，解决问题的路径和方法日趋表现出多领域交叉渗透的特点。过去那种通过反复的、标准化的训练建立的人才培养模式，已然不适宜智能化时代的要求。佩雷斯曾指出，现代社会的生产方式从规模化的大生产范式向信息技术下的知识创造范式转化，两种范式的重要区别在于前者产出物品，通过规模生产强化标准化的生产过程及其产出；而后者则是关注知识创造，强调通过个性化的服务满足个体的需求和偏好。[①] 基于此，改变封闭、固定的人才培养体系，在核心素养的导向下建立具有自我驱动、理性冒险、敢于失败等特征的开放系统；基于脑科学、心理学、教育学、工程学的共同发展，围绕核心素养创建大规模、长周期的人才培养模式，帮助学生采用创新的办法应对不确定的未来变得愈发重要。通过走走、看看、听听获取简单信息的博物馆学习，已经不再适宜新的人才培养需要。学校应将博物馆学习纳入整体变革的人才培养体系中加以考量，使其成为培育学生核心素养不可或缺的典型路径。

---

① PEREZ CARLOTA. Technological revolutions and financial capital: the dynamics of bubbles and golden Ages[J]. Foreign Affairs. 2003(23): 843-845.

2.1.2 核心素养的培育需要学习样态的重建

新时期，我国把落实立德树人根本任务作为教育发展的核心目标，而培育学生的核心素养则是落实立德树人根本任务的关键。在落实立德树人根本任务的政策指引下，教育系统要由关注知识传授转而追求全程、全面育人。"核心素养"是新一轮基础教育课程改革的关键导向，如何推进基于核心素养的课程与教学系统变革，是基础教育面临的一项重大课题。核心素养导向下的教育体系建设是发展素质教育的重要战略。核心素养产生于真实的情境中，发展于解决复杂问题的过程中。因此，核心素养的培育需要学生走向真实世界，围绕真实问题、真实任务开展学习。2022年4月，教育部颁布的《义务教育课程方案和课程标准（2022年版）》明确了核心素养导向下综合育人、实践育人的核心理念，倡导综合课程与跨学科学习，倡导学科实践与项目式学习。这是核心素养导向下课程改革与学习方式变革的新要求。博物馆学习的内在特质符合综合育人、实践育人要求，又能充分体现传统文化与现代科技在价值引领、品格形成等方面的独特价值。它对于核心素养的培育具有先天优势，应成为核心素养导向下学习方式变革的典型代表。育人方式的改变首先需要学习样态的重建，核心素养导向下的博物馆学习应进一步发展新的学习理念，探寻指向核心素养的博物馆学习的新样态。

2.2 博物馆学习的样态构建

核心素养的培育要求课程综合化、学习方式实践化，尤其强调在真实情境下完成真实任务、解决真实问题。在此要求下，学习样态从传统的信息获得范式转变为自主建构范式。循着这一变化，研究者发现关于学习的理论发展历经了"学习即个体获得"的获得隐喻、"学习即情境参与"的参与隐喻和"学习即知识创造"的创造隐喻三个阶段。获得隐喻关注知识的客观性与传承性，带来的是博物馆场景中的参观与听取解说员讲解这类最常见的学习方式。参与隐喻则强调知识的社会建构性、情境参与性、互动生成性，带来的是在博物馆体验式项目中开展的互动式学习方式。创造隐喻是指随着信息社会的高速发展，博物馆学习不应只是对现有知识的单向吸纳和对学习活动的浅层参与，而应是在博物馆勾勒出的庞大的人文、科学脉络中，在深度参与中，持续不断地建构、改进，以促进自我经验的不断重组。这种创造之于学习者而言，是个体性的、是隐晦的、是动态的、是自我变革与创新的。当然，这不是对获得隐喻与参与隐喻的简单否定，而是超越。苏霍姆林斯基认为每个人内心深处都希望自己是发现者、研究者和探索者。帕沃宁等人认为每个儿童都是知识的创造者和建设者。博物馆学习应遵循这一发展路径：从传统意义上的信息获得，到简单学习活动的浅层参与，再到将学生真正视为立足于博物馆资源的知识创造者。这一路径让博物馆的人文、科学知识在学生的深度参与中实现重构，创造出属于学生个体的新的知识系统。从这个基本点出发，用创造隐喻发展获得隐喻和参与隐喻。在创造隐喻下，博物馆学习是一种基于博物馆展陈的知识创造过程。这种知识来源于博物馆公共知识向学习者个人知识的转化，是内涵于个体的。这一路径解决了传统博物馆学习中学习者主体地位的缺失问题，给了学习者充分的主体地位。创造隐喻能对简化了的学习过程进行还原与修缮，让被遮蔽的公共知识向学习者个体知识转化的过程重新回归于学习活动中，体现了人与物的主体间性[①]，让学生成为博物馆学习的真正主体。

在创造隐喻下，博物馆学习关注师生共同探讨知识的生成过程，让学生从被动获得博物馆现成的知识变为主动获取，把禁锢在博物馆展陈中的学习活动拓展为传递信息、探究未知、追求智慧、发挥创造的过程，使学习活动从"告诉"转变为对问题的探究、思想的交流和灵魂的触碰。"在一个越来越复杂且不断变化的世界中"，人们"并不清楚这个世界的每个方面"，"也不可能了解今后50年将颠覆人类生活的各种创新"，[②]博物馆学习应成为当前时代发展、人才培养体系建设和课程与教学改革的积极建构与问题回应方式。因为，笔者深知，社会发展越是剧烈，越需要通过不断地创造来破除已有认知的束缚。引导学生从博物馆所承载的关于过去的已知中"自由地去发现一种完全不基于已知的生活方式"[③]，这才是博物馆学习新样态的应有之义。

[①] 人与物的主体间性是指在人与物的相互作用中，人并非单纯地作为主体去认识和控制物，而是与物之间形成了一种相互关联、相互影响的主体间关系，其中物也在一定程度上被赋予了某种主体性。这种关系强调了人与物之间的动态交互和共生共存，是对传统主客二分思维模式的超越。
[②] 安德烈·焦尔当.学习的本质[M].杭玲，译.上海：华东师范大学出版社，2015.
[③] 克里希那穆提.教育就是解放心灵[M].张春城，唐超权，译.北京：九州出版社，2010.

2.2.1 博物馆学习样态的基本内涵

构建博物馆学习的新样态，是以对儿童学习、实践、创造的本能、欲望的肯定为前提，以知识创造隐喻为基础，利用驱动问题与系列任务带动学习者主动进行分析、联想、关联、整合、迁移等认知活动，调动学习者的情感、兴趣、好奇心、灵感等非认知因素，使学习者在情境中综合使用各种学习方式参与不同类型的学习活动，并通过观察、阅读、倾听、交流、探究、创造等具体学习行为实现对博物馆知识的深度理解与创造性参与，在学习过程中体悟生命价值的学习状态。这种样态是对博物馆学习各相关要素及各要素之间关系的统摄性表述，包含了博物馆阐释的知识转化为学习者通过创造性参与形成自我创造的知识的底层逻辑。

在这种学习样态中，学习者的学习活动虽然是一系列认知参与活动，但是也受情感、态度、意志等多种非认知因素影响。构建博物馆学习样态是要创造一种教育结构，在这种结构中，每个人都能发展自己的经验。这个结构不应过于计划严密以致让人很少有自我发展的机会，但也不应过于松散以致发展得不到鼓励。[1]这种结构包含了两个方面的重要因素：一是学习的思维，即在博物馆学习过程中运用发散、批判、归纳、对比、演绎、推理、论证等思维方式；二是学习的人格，即在博物馆学习过程中学习者参与学习活动所表现出的非认知因素，包括兴趣、动机、意志、情感等。

这种学习样态需要教师围绕学习情境创设、学习活动设计、学习方式选择、学习行为优化和学习评价导向等要素搭建系统性的实践体系。博物馆作为学习的场所，提供了独特而丰富的学习情境。学习活动在情境中组织，学习行为在情境中发生。通过创造具有真实性、多样性、参与性、社交性的博物馆学习情境，将驱动问题与系列任务融合在情境中，针对自然地理类、科技科创类、文化历史类和民俗工艺类等的博物馆设计具有典型性的学习活动，综合使用体验式学习、具身性学习、探究式学习、项目式学习、游戏化学习等学习方式，激发并维持学生的学习行为，再通过学习评价对学习行为进行不断引导，对学习结果进行实证，进而让此学习样态形成完整闭环。

---

[1] [美]小威廉·E.多尔.后现代与复杂性教育学[M].张光陆,译.北京：北京师范大学出版社,2016.

在此样态中，博物馆学习不再是既定目标下的整齐划一的"团体操"，而是具有了"享受（自我）挑战"的文化氛围。在这种文化氛围中，学习者可以感受到挑战带来的快感和愉悦感。博物馆学习成为体验理性思考的乐趣、完善积极向上的人格的有效途径。

2.2.2 构建博物馆学习样态的目的

第一，让高质量学习在博物馆学习中真实发生。高质量学习具有深度体验、思维发展、能力提升三个基本特征，这三个特征在不同的学习过程中有一个或多个表征。其中，深度体验区别于普通的参与，是全身心的投入；思维发展是学习者在认知过程中，实现的思维层次从低阶到高阶的跃进，这一过程通常会经历直觉行动思维向具体形象思维再向抽象逻辑思维的转化；能力提升是学习者作为实践的主体，在面对问题或任务时不断提升的行动能力，以及行动背后的个性心理特征。构建博物馆学习样态的核心目的，就是要让学习活动成为学习者全身心投入的过程，在此过程中真正实现深度体验和思维层次的跃升。

第二，让博物馆学习成为创造自我的生命历程。佐藤学认为，学习是一种学习者建构客体与自我、未知与已知以及知识与知识之间的认知性、文化性的实践活动。[①]作为一种实践活动，学习是人类的生存方式。海德格尔认为："当人们着手他所从事的每一件事情，以便使自己与从本质上向他吐露的东西相一致时，人们就在学习。"[②]人类的演进，就是不断向外探索和追问内心的过程，人在这一过程中不断完善自我、发展自我、实现自我。这一过程融汇于生命之中，成为生命进程的一部分。从这个意义上来讲，学习就是一种创造并提升生命质量的活动。构建博物馆学习样态的目标之一，就是要让学习活动成为发现自我、创造自我的生命历程，在面向博物馆中呈现的人类文明发展成果时，学习者用一种自我创造的经历为自己的发展构建"偶遇"。构建博物馆学习的新样态，摆脱了唯认知的学习研究视野，视学习为学生的一种生活方式和实践样态，是自我认识、自我省思、自我发展、自我创造的生命活动，这种活动伴随着情感的滋养、兴趣的滋长、内在的冲动。

---

① [日]佐藤学.学习的快乐——走向对话[M].钟启泉，译.北京：教育科学出版社，2004.
② 孙周兴.海德格尔选集（下）[M].上海：上海三联书店，1996.

2.2.3　构建博物馆学习样态的认识基础

第一，儿童具有实践、探究、创造的本能和欲望。博物馆学习是对生活于自然与社会中人的本质的肯定，以儿童具有自主学习的需要、发展的需要、创造的需要为起点，尊重儿童学习、实践、创造的本能、兴趣和欲望。基于这个基本认识，博物馆学习样态让学习者成为现实世界的研究者。这意味着：学习者可以在政治制度与生活世界中彻底摆脱学校、校长、家长与教师的主导，成为自觉履行学术研究权利和义务的主宰者，伴随着发现"自我"和认识"自我"的生命觉悟，进而唤起研究意识与研究精神的理性自觉。[①]

第二，博物馆课程是正在建造的"跑道"，师生都是课程的创建者。一些观点认为，课程建设是"修跑道"的行动，而学习是"跑"的过程。此二分法不仅让学习从认知过程中独立出来，变成了一种学习者单向认识学习对象的认知活动，失去了学习者和学习对象作为主客体双向建构的意义，更是让学习者的学习过程失去了创造个体生命价值的可能性。因为"跑道"的既定特征，意味着一切脱离于"跑道"的方向都是被禁止的，这显然违背了学习者个性化、个体化的需要，不适应博物馆学习的开放性特征。把博物馆学习的课程看作正在建造的"跑道"，让学习伴随并推动着博物馆课程的不断发展变化，才能使学习者的发展具有各种可能性。

第三，博物馆学习不是一个简单系统而是一个复杂系统。威廉·F. 派纳认为课程即"复杂的会话"，这种"复杂的会话"让博物馆课程变为不断发展和建设的"跑道"成为可能。博物馆学习与博物馆课程之间具有相互融入的关系，这种关系催化了博物馆学习的不确定性，正是这种不确定性给予了学习者难以预想的发展机会。这种机会是在博物馆现存的知识中难以创造的，这种机会并不来源于博物馆学习所设定的既定知识本身，而来源于理解知识过程中所构建的基于问题、基于情境的深度对话的过程。

---

① 张诗雅. 致力于素养培育的深度学习：理念与模式[J]. 课程·教材·教法. 2018, 38（3）: 68-73.

2.2.4　博物馆学习样态的底层逻辑与核心要义

将博物馆阐释的知识转化为学习者自我创造的知识是博物馆学习样态的底层逻辑。建立在这一底层逻辑之上的博物馆学习样态,体现了学习者的主体性,让博物馆学习不再是低效重复与简单模仿。学习者自我创造的知识并不是指人类文明史上的优秀智慧,而是学习者自发地进入博物馆学习状态,以及由此引发的自我思考产生的个人新感受、新理解。深度理解是博物馆学习样态的核心要义。理解即为寻理。理是内隐于事物内部的东西,是事物发展变化的规律,是事物运行的法则。理解即寻求这种规律和法则,形成自我创造的知识,融入自我的经验体系中。

深度理解是知识创造的前提和基础。学习者自我知识的创造,源于其对博物馆展陈内容的认识、探索与理解,是将自身放置于博物馆构建的展品世界中发现展品背后的规律与法则的过程,也是认识自我的过程。这一过程以理解为核心要义,既要体现认识对象的客观性,又要彰显认识过程的个体性。没有对博物馆展陈信息内在规律的发现,没有自我经验的联系与反思,就不会有对博物馆构建的脱离于现实的历史世界与想象世界的真切把握,也不会积累自我的优质经验。因此,理解是基础,是前提,是实现自我知识创造的关键。

知识创造是理解的目标。当前,教育者已经比较重视学习者在博物馆学习过程中的深度理解,但深度理解的目标往往被设定为对博物馆承载的既定知识的获取。在对学习者创新素养要求日趋提高的时代,对于博物馆中人类已经形成的文明进行理解与传承已经不能完全适应社会发展的需要。社会的变动必然导致问题变得越来越复杂。未来,学生要应对这些复杂问题,引领和影响世界的发展,不能仅仅停留于对博物馆中呈现的前人经验的理解和传承,而应在理解和传承的基础上通过知识创造应对世界的复杂变化。因此,如果说对博物馆学习内容的深度理解是博物馆学习样态的核心要义,是对博物馆构建的历史世界与想象世界的规律进行探求的话,那么这种探求最终应牵引学习者走向新知识的创造。

深度理解与知识创造互为条件与结果。一方面,在理解的过程中实现知识创造;另一方面,自我的知识创造又反过来牵引着理解的方向。没有深度理解,没有深入本质问题的探求，就不会有高质量的知识创造；没有知识创造，一切对博物馆学习中的理解都是在重复前人的老路，接近前人的认识，始终不会实现对前人的超越。以理解促创造，以创造促理解，两者互为条件和结果，在博物馆学习过程中相互影响、相互促进，共同参与博物馆学习新样态的构建。

对理解与创造实现内在联系的是阐释[①]。理解不仅要得到结论，还要对博物馆学习中发现的现象、理论、结论等进行阐释，而阐释正是创造的一部分。阐释作为理解获得的个性化的"心理轨迹"，伴随着博物馆学习中的心理活动转移到学生知识创造的环节中，成为实现自我知识创造的基础。

而阐释的背后，则是专家思维的体现。在传统的教育教学中，教育者习惯于给予学生已有的"专家结论"，忽视了专家结论对于学生应对复杂多变的未来社会到底能起到的作用。柯林斯坦言："几乎没有人研究过在学校里究竟能得到什么，以及学到的东西能记得多久。许多关键技能都是在工作经验和前辈指导中学到的。"[②] 柯林斯指出针对"专家结论"的教育是低效甚至无效的。只是工业化时代对知识确定性的需求遮蔽了这种问题，而智能化时代则让这种问题暴露出来。博物馆学习不能仅仅指向博物馆展陈展示的已经固化的"专家结论"，而应该让学习者在学习过程中建构专家思维。加德纳将"学科智能"（disciplined mind）列为"面向未来的五种智能"之首，他认为学生只有超越具体的事实和信息，理解学科思考世界的独特方式，未来才有可能像一个科学家、数学家、艺术家、历史学家一样去创造性地思维与行动。[③] 而博物馆中大量承载的关于历史的、人文的、艺术的、科学的信息，是帮助学习者形成相关领域专家思维的极佳素材。

总之，博物馆学习样态的构建要基于博物馆展陈信息的关联、比较与批判性审视，在学习者兴趣、冲动、灵感等诸多非理性因素参与下，经过一系列复杂的认知过程，与学习者已有的认知结构、经验体系发生联系，进而达成自我知识创造的学习目的。在这种样态中，博物馆学习不再是跟着导游或讲解员边看、边听、边填写学习单的程式化的流程，而是通过解决问题、完成任务实现自我知识创造的复杂过程。过程的复杂性要求

[①] 阐释即对某一概念、观点或现象进行深入解析、说明和阐述，以增进理解和认识的过程。
[②] 兰德尔·柯林斯. 文凭社会：教育与分层的历史社会学[M]. 北京：北京大学出版社，2018.
[③] GARDNER, H. Five minds for the future[M]. Boston：Harvard Business School Press，2008.

教育者将理性与非理性要素均纳入对学习过程的考察中，用复杂性改变线性化的学习流程设计，用学习样态对博物馆学习的学习方式、学习流程、学习机制等进行融合。在此过程中，博物馆学习不再定位于单纯地学习知识，而是在实现知识传播的同时，帮助学习者形成面对历史与现实世界时开展探究的意识与能力，引导学习者实现对文化的理解、认同与传承，帮助学习者实现自我的知识创造并认知自我。

博物馆的展品本是功能性的物品，但经过时间流逝，其使用价值逐渐消失了，转化为了人文价值。这种人文价值是通过对其被作为物本身使用的时空的追溯来获得的。这种关系如何真正发挥育人的价值，是博物馆教育和学校教育均应面对的重要问题。博物馆与学校应该充分合作，让博物馆的展陈以及基于展陈设计的学习活动真正发挥育人价值。

第3章 博物馆学习样态构建的理论基础

随着社会的飞速发展和科学技术的日新月异,博物馆不再是一个静态地展示历史和艺术的场所,而是逐步演变成一个生机勃勃、互动性极强的学习空间。本章旨在通过对教育学理论的综合运用,系统梳理和阐述支撑这一转变的核心理论框架,立足于博物馆学习主体和对象的特殊性,更好地把握博物馆学习的重点和实施原则,为构建博物馆学习样态提供基本的理论支撑。

3.1 建构主义视角下的博物馆学习

建构主义理论的主要代表人物皮亚杰认为,儿童是在与周围环境相互作用的过程中,逐步建构关于外部世界的知识,从而使自身认知结构得到发展。认知个体通过同化与顺应这两种形式来达到与周围环境的平衡。儿童的认知结构通过同化与顺应过程逐步建构起来,并在"平衡-不平衡-新的平衡"的循环中得到不断的丰富、提高和发展。简而言之,建构主义学派认为学习者通过观察、实践、反思和与他人交流合作的方式,将新的信息和经验与已有的知识和经验相结合,从而建构自己的理解和意义。[1]在建构主义视角下,博物馆学习样态契合了学生本位、意义建构、教师支持等建构主义教育理论观点。

3.1.1 学生本位

在建构主义观念中,学习者并不是空着脑袋进入学习情境中的。在日常生活和以往各种形式的学习中,学习者已经形成了有关的知识经验,他们对任何事情都有自己的看法。各个知识要素在整合的认识结构中获得了其自身的意义,学习过程也在已有经验与

---

[1] 崔景贵.建构主义教育观述评[J].当代教育科学,2003(1):9-11.

新知识之间建立联系。[1]教学不能无视学习者的已有知识经验,简单强硬地从外部对学习者实施知识的"填灌"。博物馆学习正是把学习者原有的知识经验作为新知识的生长点,引导学习者从原有的知识经验中生长新的知识经验。博物馆学习让教学不只是知识的传递,还是知识的处理和转换。教师不应只是知识的呈现者、知识权威的象征,而应该重视学习者自己对各种现象的理解,倾听他们的想法,思考他们这些想法的由来,并以此为据引导学习者丰富或调整自己的解释。

博物馆学习特别依托了如科技馆、文史馆等教育场域进行学习活动,这再次肯定了学习者的主体性。博物馆学习是学习者在博物馆勾勒出的庞大的人文、科学脉络中,在深度参与中持续不断地建构、改进,以促进自我经验的不断重组。学习科学理论认为,知识具有情景性,有意义的学习在情景中发生。[2]科技场馆开放,自主的学习环境,鼓励学习者自由探索、相互探讨、现场参观、互动体验、操作实验、听取讲解等,这些都有助于调动学习者的积极性和主动性。

例如,"走近昆虫"是北京自然博物馆依托馆藏资源和展厅资源,结合《义务教育科学课程标准(2022年版)》设计开发的面向学校自然班开展的博物馆课程类活动。它以小学3~4年级学生为受众对象,结合博物馆资源设计课程类活动。[3]这一活动带动学生走进自然博物馆,引导学生主动发现感兴趣的问题,激发学生结合自身生活经验、学科学习和博物馆展陈信息开展探究活动,搭建了已有知识与未知知识的桥梁,启发了学生学习的积极性,进而充分体现了学生的主体性。

3.1.2 意义建构

建构主义学习理论认为,学生的知识不是通过教师传授得到的,而是学习者在一定的情境(即社会文化背景)下借助其他人(包括教师和学习伙伴)的帮助,利用必要的学习资料,通过意义建构的方式获得的。建构主义学习理论下,情境、协作、对话和意义建构是学习环境中的四大要素或四大属性。[4]博物馆学习其一是用探索法、发现法去

---

[1] 郑太年. 学校学习的反思与重构——知识意义的视角[M]. 上海:上海教育出版社. 2006.
[2] 段金菊,余胜泉. 学习科学视域下的e-Learning深度学习研究[J]. 远程教育杂志,2013,31(4):43-51.
[3] 金荣莹. 馆校合作课程资源开发策略研究——以北京自然博物馆为例[J]. 科普研究,2021,16(3)91-98.
[4] 何克抗. 建构主义——革新传统教学的理论基础(上)[J]. 电化教育研究,1997(3):3-9.

建构知识的意义，其二是在建构意义过程中要求学生主动去搜集并分析有关的信息和资料，对所学习的问题要提出各种假设并努力加以验证。其三是要把当前学习内容所反映的事物尽量和自己已经知道的事物相联系，并对这种联系加以认真地思考。"联系"与"思考"是意义构建的关键。博物馆学习能把联系与思考的过程与协作学习中的协商过程（即交流、讨论的过程）结合起来，学生建构意义的效率更高、质量更好。

1. 指向意义建构的"情境"

建构主义学习理论认为，学习环境中的情境必须有利于学习者对所学内容的意义建构。博物馆场域是有利于学习者建构意义的情境。博物馆的空间构建了学习开启的前提——情境。学习者置身于博物馆构建的情境之中，发现博物馆展品呈现的知识，并对知识进行价值辩护。这一过程是学习者理解博物馆展陈中所蕴含的价值、精神与情感的过程。博物馆场馆的多样资源大部分通过展品和展览来传递。在各国国家博物馆，一件件印有历史印记的国宝展示民族精神、民族信仰、民族尊严、民族自信、民族智慧和民族艺术，向学习者传递着一个民族代代相传的思维方式、价值观念和行为准则。在各类自然博物馆，各类生物复原模型、动植物化石、标本等证据共同解释自然历史的变迁。随着现代技术的发展，国内外许多场馆还开始借助3D技术，打造实时立体仿真资源，尝试利用AR、VR、智能体感互动等前沿科技，为学习者创设沉浸式的学习体验活动情境。

博物馆所拥有的情境性、本真性的环境和资源优势，比学校里相对单一的文字或图像资料更具直观性。[①]无论是原始、本真的实物证据，还是利用现代技术高度还原的虚拟情境现场，都有利于全方面调动学习者的听觉、视觉、嗅觉以及触觉，让其获得更为生动、具体、深刻的印象，让意义建构成为可能。

2. 利于意义建构的"协作"与"会话"

协作：协作发生于博物馆学习过程的始终。协作对学习资料的搜集与分析、假设的提出与验证、学习成果的评价直至意义的最终建构均有重要作用。

会话：会话是协作过程中不可缺少的环节。学习小组成员之间必须通过会话商讨如何完成规定的学习任务。此外，协作学习过程也是会话过程，在此过程中，每个学习者的思维成果（智慧）为整个学习群体所共享。因此，会话是达到意义建构的重要手段之一。

---

① 方凌雁.馆校合作视域下场馆学习的意义构建和实践路径[J].教学与管理，2022（33）：65-69.

博物馆学习情境是一种互动开放的社会学习情境。场馆学习者在参观过程中可以观察展品及相关图文以获得直观体验，同时也能在这一场景中拥有与不同年龄和学习背景的人交往互动的机会。从社会建构理论来看，社会群体间的沟通交流正是个体知识经验不断反思和重塑的过程。博物馆学习项目的设计和组织需要正视这种基于社交行为的学习过程在学生综合发展方面的正向作用，培养学习者团队合作、沟通交流、分享与表达等多方面的意识和能力。

（1）内部团队的社会交互。内部团队指博物馆参观者结伴构成的团体。如亲子团、班级团、好友团等。研究表明，许多参观者在参观期间的注意力都集中在同行者身上。参观过程中看到的展品、活动都会成为他们互动交流的关注点，围绕这些开展的沟通、交流、探讨和分享即为学习。

（2）外部团队的社会互动。博物馆是一个开放的空间，除了结伴而行的伙伴，学习者还能接触到场馆中讲解员、导览员等工作人员，以及其他参观展馆的人员。团队外互动同样可以满足学习者社会交往、多元互动的需求。这种体现对外协作的交流、共享更是一种促进学习者能力提升的社会交互学习。

3. 实现"意义建构"的学习

"意义建构"是整个博物馆学习的最终目标。在博物馆学习过程中帮助学生建构意义就是要帮助学习者对当前学习内容所反映的事物的性质、规律以及该事物与其他事物之间的内在联系达到较深刻的理解。这种理解在大脑中的长期存储形式就是"图式"，即关于当前所学内容的认知结构。

在博物馆学习中，让学习者获得多样体验能够在一定程度上吸引他们的注意力、增强他们的认知。通过意义建构，学习者能够有所收获，博物馆需要从学习者意义建构的角度来考虑营造博物馆环境，思考什么因素能够对学习者的意义建构有促进作用。如杜甫草堂博物馆鼓励学习者对他们所想要了解的与杜甫及杜甫诗歌有关的问题进行探究。在这一活动中，学生、教师和博物馆工作人员这三个主体，共同推动了整个过程中的意义建构：学生对杜甫与杜甫诗歌产生好奇；博物馆工作人员则对筛选出的问题进行详细解答，起到了权威的指导作用；而教师则会在工作人员进行解答之后，带领学生思考并研讨相关内容，通过讨论帮助他们将一些想法与自身经历相联系，由此强化了对意义的建构。

3.1.3 教师支持

学习是学习者借助其他人（包括教师和学习伙伴）的帮助，利用必要的学习资料，通过意义建构的方式展开的活动。而教师是学习者建构知识与意义的忠实支持者。教师应当成为学生学习的辅导者，成为学生学习的高级伙伴或合作者。在博物馆学习中，教师应该给学生提供复杂的真实问题，引导学生开发或发现这些问题，认识到复杂问题有多种答案，激励学生思考问题的解决方案。如江西省博物馆推出"导·虎小鸟虎儿童主题展"，与省内中小学合作进行课程教学设计。[1]在这次博物馆学习设计中，江西省博物馆将镇馆之宝商伏鸟双尾青铜虎卡通化，从内容、逻辑、色彩等多方面吸引学生的学习兴趣。在整个学习过程中，教师通过前置学习、学习单设计、引导参观、鼓励小组讨论、进行学习反馈平台搭建等让博物馆学习真实有效发生。

教师要成为学生建构知识与意义的积极帮助者和引导者，要在博物馆学习过程中从以下几个方面发挥支持作用：第一，激发学生的学习兴趣，帮助学生形成学习动机；第二，通过创设符合教学内容要求的情境和提示新旧知识之间联系的线索，帮助学生建构当前所学知识的意义；第三，为了使意义建构更有效，教师应在可能的条件下组织协作学习（开展讨论与交流），并对协作学习过程进行引导使之朝有利于意义建构的方向发展。[2]引导的方法包括：提出适当的问题以引起学生的思考和讨论，在讨论中设法把问题一步步引向深入以加深学习者对所学内容的理解，启发学习者自己去发现规律、自己去纠正和补充错误的或片面的认识。

3.2 人本主义视角下的博物馆学习

人本主义强调人的价值，强调人有发展的潜能，有自我实现的倾向。人本主义者倡导有意义的自由学习观，关注学习内容与个人之间的关系。它不仅是理解记忆的学习，而且是学习者所做的一种自主、自觉的学习，能够在相当大的范围内自行选择学习材

---

[1] 乔雪. 五育融合背景下学科教育存在问题及对策探析——以馆校合作与学科教育相结合为例[J]. 科学教育与博物馆，2022，8（6）：97-102.
[2] 冯忠良，等. 教育心理学[M]. 北京：人民教育出版社，2010.

料，自己安排适合于自己的学习情境。人本主义代表人物罗杰斯将他的"以人为中心"的治疗移植到教学过程中，提出了"以学生为中心"的"非指导性"教学的理论与策略。学生中心模式又称为非指导模式，包含学生中心、非指导性教学、教师辅助三个关键要素，也是博物馆学习样态构建的基本要点。

3.2.1 学生中心

博物馆课程以学生为中心，培养具有独立人格和创造力，能适应时代变化的"完整的人"。博物馆学习重视对学习者的情感态度和价值观的培养，旨在让学习者不但有知识，而且还有良好的人文修养。这在价值层面上确立了以人为本的思想，把学习者的全面发展置于课程目标的核心位置，打破了传统的课程目标过分强调知识传授的局限。

学生中心着眼于整体人格的形成，需要打破传统学科课程以知识为中心的组织方式，用综合性的课程支撑学生整体性的发展。博物馆学习具有典型的跨学科综合性，能够打破学科壁垒，淡化学科界限，强调学科间的联系与综合，促进学习者综合性的发展。如成都七中育才学校"巴蜀文化进校园"系列课程中的"马文化"课程涉及历史、生物与美术三个学科。围绕该主题，三门学科的教师在成都博物馆不同展馆挖掘各类资源，实现学科联通。学生中心还应体现学习内容的适切性原则，学习内容与学习者的生活与体验应发生真实联系，使学习者自发地产生有意义的学习，避免学习与现实生活脱节，造成学生的无意义感。博物馆学习的评价应充分考虑学习者发展的整体性，除了对知识掌握情况的评价外，还应关注价值观、社会情感、协作能力、创新能力等体现核心素养整体性、全面性的评价内容，并用多元性的评价方法对学习者进行全方位的关注。

3.2.2 非指导性教学

非指导性教学是一种人本主义心理学派的教学思想和方法，强调以学生为中心，教师不再是传统意义上的知识传授者，而是学习的促进者、引导者和伙伴。在这种教学模式下，教师的主要任务是创造一个有利于学习的环境和氛围，激发学习者的内在学习动机，帮助他们学会如何学习，鼓励他们自主探索、自我发现和自我实现。这种教学模式有助于培养学习者的主动性、创造性，提高他们的自主学习能力和社会适应能力。

在博物馆学习中，非指导性教学尤为适用，因为它能够让学习者在真实的情境中自由探索、体验和学习，从而更主动地参与、更深入地理解和更自由地创造。在博物馆学习中运用非指导性教学，应设定开放性的学习目标，营造自由、友好的学习氛围，减少教师的直接指导，重视利用引导性材料来鼓励学习者自主探索，提供个性化的学习支持，促进学习者的自我反思与评估，建立平等、积极的师生关系。具体包括以下五个阶段。[①]

（1）确定博物馆学习的情景即确定博物馆学习的主题和方向。

（2）探索问题，即鼓励学习者在博物馆学习中探索问题。教师要接受学生的感受与认知，必要时加以澄清。

（3）在博物馆空间学习中形成见识，即让学习者讨论问题，自由地发表看法。教师应给学生提供帮助。

（4）计划和抉择，即由学习者做初步的决定，教师帮助他们澄清这些决定。

（5）整合，即学习者获得较深刻的见识，并做出较为积极的行动，教师对此要予以支持。

3.2.3 教师辅助

在人本主义教育理念中，教师的辅助角色具有独特的内涵和重要性。这一理念强调以学生为中心，尊重学生的个性、情感和需求，同时注重培养学生的自主学习能力和创造力。在博物馆学习中，教师的辅助不仅仅是知识的传授，更是一种引导、促进和支持的过程。它要求教师在尊重学生个性、情感和需求的基础上，通过引导、促进和支持等方式，帮助学生实现自主学习和全面发展。在此过程中，教师应扮演三种基本角色。第一种，引导者角色。激发学生对博物馆学习的兴趣，引导学习方向。第二种，促进者角色。创造支持性的学习环境，促进学生的自主学习和探究。第三种，支持者角色。学生在学习过程中可能会遇到挫折和困难，教师需要给予情感上的支持，还要通过解答疑

[①] 陈琦，刘儒德. 当代教育心理学[M]. 北京：北京师范大学出版社，2007.

惑、提供反馈等给予学习支持，帮助学生提高学习效果。这三种角色的建立，意味着教师不再是传统的权威者，而是学习者的学习伙伴和辅助者。

3.3 认知主义视角下的博物馆学习

在认知主义的视角下，博物馆学习不仅仅是知识的简单积累，而是在内驱力的驱动下有意义的知识发现过程。这一过程应关注内驱力、有意义的学习、发现学习三个要点。这三个要点构成了以深度理解、知识创造为关键的博物馆学习样态在认知主义视角下的理论框架，为理解学习者如何在博物馆中实现有效学习提供了重要的视角。

3.3.1 内驱力

认知主义学派认为所有学习者都有内在的学习愿望，内部动机是维持学习的基本动力。学习者具有三种最基本的内在动机，即认知内驱力（即求知欲）、胜任内驱力（即成功的欲望）和互惠内驱力（即人与人之间和睦共处）。内在动机的效应比外在动机持久且更有力。在博物馆学习中教师应从三个方面关注并提高学生的内驱力。

一是认知内驱力。这是指学习者渴望学习、理解和掌握知识，具有陈述和解决问题的倾向。认知内驱力发端于学习者的好奇，以及探究、操作、理解和应对环境的心理倾向。认知的情境性强调认知过程总是在特定的情境中发生的，是身体与环境互动的结果。[1]博物馆学习中教师的主要职责是使学习者对学习本身感兴趣，可以在博物馆学习中创设有吸引力的学习情境，并让新的学习内容与学习者认知结构之间有适当的距离。以上海中国航海博物馆"启航吧！圣玛利亚号"课程为例：它在设计过程中，由教师负责提供全球航路开辟、哥伦布"发现美洲"、麦哲伦船队全球航行等校内知识链接和串联以及课程总体设计思路；博物馆教育专员负责遴选"世界航海500年"（15—19世纪）航海文物特展中相关展品，制定展区学习路线，采集展品图像信息，撰写讲解词，准备课程相关教具物料，等等；双方共同商讨课程的各环节设计、趣味性互动、学生自主探究学习设计、课程评价、教师授课分工等具体细节，最终形成课程设计方案。

---

[1] 高振宇，濮琳.具身认知视域下儿童哲学学习空间的重构[J].河北师范大学学报（教育科学版），2023，25（6）：85-96.

二是胜任内驱力。认知内驱力针对的是知识内容本身，它以获得知识和理解事物为目标；胜任内驱力指向的是一定的社会地位，它以赢得一定的地位为目标，属于外部的、间接的学习动机。当学习内容不能激发起学习者的认知兴趣，认知内驱力就会下降或转移方向。教师在博物馆学习中可以采用正面激励措施激发学生的胜任内驱力，如对学生寄予较高的期望、开展适当的学习竞赛、科学设计博物馆课程评价等。

三是互惠内驱力。这是个人为了获得长者们或权威们的赞许或认可，而表现出来的一种把学习或工作做好的需要。随着儿童年龄的增长和独立性的增强，互惠内驱力不仅在强度上有所减弱，而且在附属对象上也从家长和教师转移到同伴身上。在青少年时期，来自同伴的赞许或认可将成为一个强有力的动机因素。因此，在博物馆学习过程中要创造更多合作与交往的机会，开展多主体的评价。

3.3.2　有意义的学习

博物馆作为一个为社会及其发展服务的、向公众开放的非营利性常设机构，是保护和传承人类文明的重要殿堂，是连接过去、现在、未来的桥梁。[1]博物馆学习既具备有意义学习材料的逻辑意义性，也符合学习者认知进步的科学性。有意义学习的客观条件是有意义学习的材料本身必须具有逻辑意义，博物馆学习的学习材料主要是由有价值的展品构成。[2]有意义的学习的主观条件包括以下几个。首先，学习者认知结构中必须具有能够同化新知识的适当的认知结构（固定点）。博物馆学习情境选择往往从学生熟悉的问题、环境切入。其次，学习者必须具有有意义学习的倾向，即具有积极主动地将符号所代表的新知识与认知结构中的适当观念加以联系的倾向性。在博物馆学习中学习者是学习的主体与中心，博物馆的场域可以给予学生丰富的感官刺激与情感体验，驱动学生主动学习的积极性。最后，学习者必须积极主动地促使这种具有潜在意义的新知识与认知结构中的相关旧知识发生相互作用，从而使认知结构或旧知识得到更新，并使符号代表的新知识获得实际意义。博物馆学习的课程内容要与学生的生活与体验发生联系，使学生产生有意义的学习。并且，学生会将博物馆学习的情感与体验带回日常学习生活中，使之产生持续的积极影响。

---

[1] 张利娟.博物馆课程资源的开发与利用——以中学历史学科为例[J].教学与管理，2014（16）：64-66.
[2] 冯忠良，等.教育心理学[M].北京：人民教育出版社，2010.

成都双流中学学子赴广都博物馆参观学习时，学生们陆续参观了以历史发展为脉络的五大展馆，知悉了双流这片土地从旧石器时代至今的发展变迁。在讲解员的生动讲解下，同学们依次了解石器时代、古蜀时期、秦汉魏晋南北朝时期、隋唐五代两宋时期、元明清至民国时期的双流重点出土文物及文化发展情况。博物馆保存有"广都盐井"、世界第一张纸币"交子"、世界最早标明产地的蜀锦"联珠对龙纹绫"，以及成都平原迄今为止首次发现的旧石器时代遗址等。学习者在自己熟悉的现代家乡与新了解的历史家乡建立联系，进行了有意义的学习。

3.3.3 发现学习

认知主义学派认为学习的本质不是被动地形成刺激，而是主动地形成认知结构。在博物馆学习中学生不是被动地接受知识，而是主动地获取知识，并通过把新获得的知识和已有的认知结构联系起来，积极地建构其知识体系。博物馆学习过程是对知识结构重新组织的过程。个体形成的认知结构不是通过教师的传授获得的，这是学生自主获取信息的过程，通过让新知识与已有的认知结构建立起新的联系，最终形成新的知识体系，指向知识创造的博物馆学习样态即具有发现学习之意。

在现实的学习中，学习者要储存信息，而且要能够对知识进行有效的提取与加工。对信息进行加工与提取的关键在于让学习者对信息进行编码，只有让学习者主动参与发现新事物的过程，并且根据自己的学习习惯与兴趣进行知识的加工与编码，这样他们才能提高学习效率。[①]博物馆学习要根据学习者的年龄特点、兴趣爱好以及他们的心理发展规律，让学习者联系生活实际，亲身体验，在过程中对信息进行加工与编码，进而实现对新知识的发现。再把发现的新知识与自身已有的知识同化以形成新的认知结构，并在必要的时候能够及时提取信息。

在发现学习的视角下，博物馆学习是新知识获得、转换和评价几乎同时发生的过程。博物馆学习不仅有利于学习者保持所学知识，有利于培养学习者发现的方法与技巧，而且有利于培养和激发学习者内在的学习动力，有效提高学生的认知能力。

---

① 高觉敷.西方心理学新发展[M].北京：人民教育出版社，1989.

1. 获得

所谓新的知识是指与已知知识不同的知识，或者是已知知识的另一种表现方式。新知识是原有的认知结构与新事物发生联系而形成。其中通过"同化"与"顺应"两种方式接受或改变新知识，从而将其归于自己的认知结构。博物馆学习的内容应与学习者的生活与体验发生联系，建立新知与旧知的联系，并对知识进行结构性处理。

2. 转化

新知识的转化是对知识进一步加工的过程，使之成为认知结构的有机构成部分，并适应新的任务需求。在这个过程中可以超越给定的信息，运用各种方法将它们转换成其他形式，以适合新任务，并获得更多的知识。知识的学习是基于已有的经验的，所以新知识要与旧知识融合起来。博物馆学习以学习任务为驱动，在真实情境与实践中获得并转化知识。

3. 评价

博物馆学习关注对新知识转化的检验与核对，判断学习者对新知识的理解与概括是否正确、能不能正确地应用新知识。通过评价可以判断处理知识的方法是否适合新的任务，或者运用得是否正确。博物馆学习符合布鲁纳的发现学习理论，它鼓励在场馆内的学习者通过实践探索和问题解决的过程，自主建构知识，形成独特的见解，并以此推动学习者的思维能力不断提升。

3.4 行为主义视角下的博物馆学习

行为主义理论把学习看成是刺激（或情境）与反应之间联系的形成过程，认为学习受外界的刺激或情境影响，强调强化对学习的作用，注重用外部条件来控制学习过程。在行为主义视角下，博物馆是一种具有教育意义的空间场景，其空间特征能为学习者形成学习刺激，并使学习者沉浸其中，进而让"人人皆学、处处能学、时时可学"成为现实。因此，博物馆学习样态的构建应充分关注博物馆空间场景之于学习的影响。

3.4.1 空间教育功能

行为主义学派的代表人物斯金纳认为学习实质上是一种反应概率的变化，而强化是提高反应概率的手段。普雷马克原理是指用高频行为（喜欢的行为）作为低频行为（不喜欢的行为）的有效强化物。[①]在博物馆学习中，教育者通过展品、空间、设计等构建了一个知识分享、思考讨论的教育空间，不断有新的事物强化学生的学习行为。

博物馆本质上以教育为根本。在博物馆环境中，包含着展品、空间、设计和情感的系统构成。博物馆教育的主要目的是激励公众探究展陈所涉及的相关知识，支持公众的自主学习，为公众提供学习机会和休闲选择。[②]博物馆的教育空间分为直接体验空间和间接体验空间。直接体验空间是学习者实际在场的体验空间，如展品陈设、光影布置、场馆声音等。[③]直接体验空间带给人们的直接体验具有不可替代的特点，它会给在场学习者留下深刻印象，给予在场学习者自主探索学习的场域。间接体验空间是人对空间信息加工复原再现的博物馆教育空间产生的个体感受。[④]间接体验空间依赖学习者的自我感受和认知，记忆更深刻持久，因此博物馆学习带给学习者的学习状态是持续性的，学习体验是深刻持久的。

博物馆学习样态关注空间功能，博物馆应在充分了解、调研博物馆资源的前提下，与国家课程标准相结合，搭建具有不同特征的、符合国家课程要求、适宜学习者学习特点的空间场景。从博物馆角度来讲，优化未成年人教育基础设备设施可以为博物馆学习的推广和实践起到推动作用。除了展厅，利于博物馆学习的空间也是必不可少的。有一部分博物馆率先设计出了专门针对儿童或青少年开展学习的空间，深受家长和孩子们的喜爱，拉近了博物馆与民众的距离。比如，南越王博物馆为儿童开辟了"南越玩国"，用陶罐中飘出的七色彩云和动漫卡通形象布置环境，设计考古挖掘和穿汉服等互动环节，让儿童通过游戏来进行探索式学习。南汉二陵博物馆设置了青少年考古区域，鼓励青少年参与考古过程。

3.4.2 沉浸式学习

行为主义强调外界环境对于学习者的影响。在行为主义理论下，美国心理学家米哈里发现，人们从事自己热爱的活动时都会很专注、投入，时间感消失，不会受到其他事

[①] 刘昕.斯金纳的新行为主义教育思想[J].中国学校体育，1999（4）：63.
[②] 周碧蕾，邓铠晴，李玮，等."双减"背景下博物馆沉浸式体验学习实效性研究[J].科学教育与博物馆，2023，9（3）：3-10.
[③] 田晓伟.论教育研究中的空间转向[J].教育研究，2014，35（5）：11-18.
[④] 付强，辛晓玲.空间社会学视域下的学校教育空间生产[J].山东社会科学，2019，（4）：74-79.

物的干扰，并完全沉浸于活动中。米哈里将这种情绪体验称为流程体验（flow experience），即沉浸体验或心流体验。米哈里指出沉浸是一种短暂的状态，人们可以在这个状态下达到高度的集中，从而不意其他事物，而且在沉浸状态下人们往往是非常愉快的。[①]博物馆中的沉浸式学习是指以学习者为中心，依托博物馆的空间场景，通过巧妙的参观与课程设计辅以沉浸技术，使学习者能够进入沉浸状态从而达到沉浸体验。沉浸式学习强调为学习者营造良好的学习环境，调动学生兴趣，激发学习行为。

---

① 王思怡.沉浸在博物馆观众体验中的运用及认知效果探析[J].博物院，2018（4）：121-129.

第4章 知识创造：博物馆学习样态的底层逻辑

"博物馆的意义并非完整重现历史，而是通过对零散的历史信息进行搜集和系统化，向观众呈现一种依照特定逻辑进行叙事的话语体系。"[1]博物馆诞生以来，其既是展览"记忆"与"经验"的公共空间，又是"民族想象的共同体"的重要实证。当前，博物馆文化内涵已经涉及"媒体化""信息化"，这一变化预示着博物馆社会教育功能的不断上升，而此种功能的实现则以知识为依托。

依循学习研究的发展轨迹，知识的创造隐喻认为，每个孩子、每位公民，既是知识的消费者，也是知识的创造者和建设者。在此视角下，博物馆学习的底层逻辑是将博物馆阐释的知识转化为自我创造的知识。本章将探讨在这个转化过程中，学习者如何基于自己的经验、认知和情感等因素，对知识进行加工、重组和创新，从而建构出属于自己的知识体系。

4.1 关于学习的三个隐喻

隐喻，作为一种重要的修辞方法，它表示用一种事物来理解另一种事物，通过暗示二者的相似性来创造出新的意义，或是在两个不同的观念之间建立联系或映射。20世纪30年代，自理查兹在其《修辞哲学》中指出"隐喻无所不在的原则"开始，隐喻成为人类认识世界和表达情感的一种方式，是认知的本质和重要策略。[2]学习作为人类自我发展重要的活动与路径，有关学习科学的研究一直在传承与革新。1998年，斯法德在其论文《论学习的两种隐喻任选其一的危险》中正式提出了两种关于学习的隐喻：一是"学习即个体获得"的获得隐喻，二是"学习即情境参与"的参与隐喻。2005年，帕沃拉等人提出了第三种隐喻："学习即知识创造"的创造隐喻，这为理解博物馆中的学习样态提供了新的视角。[3]

---

[1] 燕海鸣.博物馆与集体记忆——知识、认同、话语[J].中国博物馆，2013（3）：14-18.
[2] 张沛.隐喻的生命[M].北京：北京大学出版社，2004.
[3] 吴磊，吴思思，范丽鹏.学习隐喻视角下网络学习空间转型与升级研究[J].电化教育研究，2022，43（4）：33-39.

4.1.1 学习是个体获得

自人类文明诞生以来，学习便被认为是获取某种事物（如知识、概念、图示、事实和表征等）的过程，这便是学习的获得隐喻。

获得隐喻认为，学习是获得知识、技能或养成习惯的过程，需要以个人知识的收益来理解。在学习组织方式上，主要以学习者个体为基本单元，获得隐喻注重通过个体的持续累积，将知识进行凝练，逐渐形成完备、丰富、多样的知识结构。在知识创造上，学习者被视为知识的"拥有者"，而心灵被认为是填充某些知识的"容器"。随着认知学派心理学的兴盛，人们逐渐使用"概念发展"这一术语来分析"学习过程中的知识增长"，产生了"知识获得"和"概念发展"等学习的结果。在对知识建构过程的看法上，获得隐喻认为学习者拥有对一些实体的所有权，这些实体以知识、概念、意义、图式、事实、材料等多种样态呈现。通过对实体采用接受、理解、内化、占有、积累等行为才获得了对知识的理解与加工。[1]

不难看出，获得隐喻明显地受到民俗理论的强烈影响。民俗理论者坚称，心灵是一个巨大的容器，可以容纳、存储和处理各种信息、情感、记忆和思想。在这一容器隐喻（container metaphor）中，学习便是不断往容器中添加新的内容。基于这样的观点，有研究指出，"获得隐喻就是以传统的认知方式看待学习，强调心智模式或图式在学习中的作用，强调命题性知识与概念化的知识结构，视有逻辑地组织起来的知识结构和普遍知识为智力活动的理想结果，视个体为符号处理者，往往忽略社会情境对认知的重要作用。"[2]在此隐喻下，知识成为个体心灵中运用逻辑手段加以处理的事物。

获得隐喻有助于个体获取知识、增进理解，同时促进知识结构的构建和概念的发展。但不可否认的是，获得隐喻也有两大局限：一是认识论的悖论，二是遭遇价值困境。获得隐喻将知识视为个体所有物，个体所拥有的知识的多少也决定了知识拥有者的身份与社会地位。在这一点上，知识与物质财富发挥的作用等同，知识在某种程度上也成为地位和权力的象征。基于获得隐喻的学习方式，就会出现过于强调个体学习者的知

---

[1] 曾文婕，柳熙. 获得·参与·知识创造——论人类学习的三大隐喻[J]. 教育研究，2013，34（7）：88-97.
[2] 曾文婕，柳熙. 获得·参与·知识创造——论人类学习的三大隐喻[J]. 教育研究，2013，34（7）：88-97.

识获取过程，忽视了知识获取的社会性，忽略了学习者与他人、社会和文化环境的互动和交流在知识获取过程中的重要作用。这会在很大程度上导致学习者之间的竞争，并强调个体的成就，强调对知识资源的获取与占据，造成人与人之间的冲突。

获得隐喻视野下的博物馆学习是指学习者通过参观博物馆，可以从展品、说明和讲解中获得知识的行为实践。这些知识可以来源于图像、文字、声音、气味等，也可以来源于情感、故事、文化背景等抽象概念。学习者可以通过观察展品的外形、材质、颜色、纹理等特征，以及展品的摆放位置和展示方式，来理解展品背后的象征意义。同时，博物馆的说明和讲解也可以提供丰富的信息，帮助观众更好地理解展品的历史、文化、科学等方面的知识。此外，学习者还可以通过与他人的交流和讨论，获得更多的信息和启示。在博物馆中，观众可以与同行者、专家学者、志愿者等进行互动和交流，分享自己的理解和感受，共同创造和丰富博物馆学习的知识图谱。

4.1.2　学习是情境参与

随着获得隐喻局限性的日益凸显，人们迫切需要一种新的学习视角。自20世纪90年代起，"学习即参与"这一隐喻开始崭露头角。参与隐喻的兴起，是人类认识论进步的明证，它受到了人类学情境学习、分布式认知、文化心理学以及话语心理学等理论的深刻影响。

参与隐喻不再和获得隐喻一样，忽视学习的主观性、创造性、情境性、社会性，而是将学习与情境紧密地联系在一起，特别关注学习的情境性（situatedness）、境脉性（contextuality）、文化嵌入性（cultural embeddedness）与社会中介性（social mediation）等[1]。参与隐喻理论认为，个体学习者在学习同一主题时，本质上是在参与特定的社群活动，并逐渐成为社群的一员。这一过程要求学习者必须掌握两项关键能力：第一项是能够使用社群的语言进行有效沟通，第二项是能够遵循社群的特定规范来行动。这些规范并非由某个个体单独制定，而是在社群形成过程中，由社群成员协商确立的。因此，

---

[1] SFARD ANNA．On two metaphors for learning and the dangers of choosing just one[J]. Educational Researcher, 1998, 27(2):4-13.

根据参与隐喻的观点，学习者不再是单纯积累个人知识的个体，而是参与特定活动的成员。在大多数情况下，他们以新手实践者或潜在创新者的身份出现，而教师则扮演着维护社群生命力的角色。

作为获得隐喻的革新与发展，参与隐喻理论认为学习不能与其发生和存在的情境分离，将关注的核心转移到个体与他人之间逐渐形成的联系，注重个体与共同体之间关系的交互性，强调共同体对个体的身份发挥的决定性作用。因此，参与隐喻认为，正如我们不能仅通过界定枝叶和树干来描述整棵树一样，单独讨论"独立的学习者"和"去情境的学习"也是毫无意义的。参与隐喻强调，应通过丰富的文化情境来促进学习者的学习和身份发展，打破学校与周边社会的隔阂与界限，将学习活动融入真实的文化情境和任务之中。基于这一理念，温格将情境学习理论进一步发展为"学习的社会理论"（social theory of learning），明确提出了"学习即社会性参与"（learning as social participation），认为学习是一个主动参与社会群体实践，并构建与实践共同体相关身份的过程。[①]

参与隐喻在其实施过程中也遭遇了两大挑战。首先，是迁移难题。学习迁移理论要求学习者能够将知识从一个领域转移到另一个领域，打破原有情境的界限。然而，参与隐喻却认为知识不应被视为孤立的实体，同时反对将情境视为具有固定边界的领域。这种观点导致了知识难以传递，并且存在缺乏清晰界限以供跨越的难题。其次，是学科内容难题。参与隐喻强调学习者应在真实情境中学习，并成为实践共同体的一部分。这导致学科内容在不同情境下会发生显著变化，甚至可能变得模糊不清，乃至消失。一旦学科内容变得不明确，整个学习与教学过程将失去方向，陷入不确定的风险之中。

在参与隐喻视角下，博物馆的学习强调学习过程中的积极参与和互动，以及由此产生的深刻理解和体验。这一隐喻将博物馆的学习样态构建为一种社会活动和文化实践，而非单纯的知识接受过程。

在参与隐喻的视域下，学习者不再是被动地接受信息，而是主动地参与到博物馆所构建的学习环境中。这种参与不仅体现在对展品的观察和思考上，更体现在与博物馆空间、其他参观者以及与博物馆工作人员的互动中。

---

① GRAVEN M, LERMANS. Wenger, E. Communities of practice: Learning, meaning and identity[J]. Journal of Mathematics Teacher Education, 2003, 6(2): 185-194.

博物馆通过设计各种互动体验活动、提供讲解服务等方式，为参观者创造了一个充满参与感和体验感的学习环境。参观者可以通过触摸、操作、讨论等方式，更深入地了解展品的内涵和价值，同时也可以与其他参观者分享自己的见解和感受，从而丰富自己的学习体验。参与隐喻还强调学习过程中的社会性和协作性。在这种学习样态下，参观者可以形成一个学习共同体，通过共同探索、讨论和合作，共同构建对展品和文化的理解。这种协作式的学习方法不仅能够提高学习成效，而且有助于培养参与者的团队协作精神和社交技能。此外，参与隐喻还关注博物馆学习对学习者个人成长和发展的影响。通过积极参与博物馆学习，学习者不仅可以获得知识上的提升，还可以在情感、态度和价值观等方面得到熏陶和启迪。这种全面的成长和发展是参与隐喻在博物馆学习中的重要体现。

4.1.3 学习是知识创造

信息技术的迅猛发展，给人类带来新的严峻挑战。为了更加高效地从事知识密集型工作，个体、组织共同体都必须不断自我超越，发展新的能力、更新自己的知识并进行创新，进而创造出新的知识。对学生来说，为了能够有效地参与其中，就必须努力为知识的创造和发展展开合作。在这样的背景下，知识创造隐喻的理论应运而生。创造隐喻理论认为，每个人都不仅是知识的消费者，而且是知识的创造者和建设者。也就是说，学习不能仅仅是个体对已有知识的转化或建构，不能仅仅是个体成长为共同体成员的过程，也不能仅仅是二者的简单整合。归根结底，学习不能被理解为仅仅是学习者消费和传承知识的活动，学习更应该成为学习者生产和创造知识的活动。①

知识创造的学习活动包括三种具有代表性的模式：组织化的知识创造模式、拓展性学习模式以及知识建造模式。这些模式通过大量的实践、实验和实证调查，深刻揭示了知识创造性学习过程的关键。三种模式都将学习视为"知识生产"，十分注重创新性，在共同体的框架下探讨创新过程。与参与隐喻不同的是，知识创造隐喻不仅关注共同体成员之间的互动和人与环境之间的互动，而且更关注共同体成员之间通过系统开发"活动的共同客体或人造物"而发生的互动。

---

① 曾文婕、柳熙. 获得·参与·知识创造——论人类学习的三大隐喻[J]. 教育研究，2013，34（7）：88-97.

知识创造可以将博物馆的学习样态隐喻为"历史的熔炉"。在这个隐喻中，博物馆就像是一个巨大的熔炉，不断地熔炼和重塑着历史的知识和文化。学习者进入博物馆，就如同将原材料投入熔炉中，通过观察和体验展品，这些原材料被熔化、提炼，最终转化为个人独特的对历史的理解和文化知识。博物馆的每一件展品都承载着丰富的历史信息和文化内涵，它们就像是熔炉中的矿石，等待着被发掘和利用。学习者在浏览展品的过程中，不断吸收和消化这些信息，将其融入自己的知识体系中。同时，博物馆还提供了各种互动和教育项目，如同熔炉中的催化剂，促进学习者对知识的理解和创造。这些项目帮助学习者更深入地了解历史事件的背景、文化内涵和社会影响，从而激发他们的创造力和想象力。最终，学习者离开博物馆时，他们所获得的不仅仅是历史知识，更是一种对文化的深刻理解和个人成长的体验。学习者在博物馆的学习过程中也经历了知识的加工和再创造，收获了宝贵的精神财富。

因此，"历史的熔炉"不仅形象地描述了博物馆学习的知识创造过程，还强调了博物馆在个人成长和文化传承中的重要角色。

4.2 知识是博物馆学习样态的基本构成要素

毫无争议地，人类社会已经迈入了一个全新的时代。我们用诸如"知识经济""互联网+""学习型社会""智能化""智慧型"以及"后现代"等术语来描述我们所处的这个时代。尽管理念不断更新，词汇日益繁多，认识日趋多元，但有一个不变的事实——"知识"构成了这个时代的基石。我们的生活世界正在经历一场以知识为中心的重构。对于博物馆学习来说，知识无疑是其核心要素。《辞海》中将知识定义为："人们在实践中积累起来的经验。"该定义与马克思主义实践观中关于知识（认识）起源的观点相一致：知识源于人们在实践基础上的创造，是个体对内外部世界认识、体验与操作经验的表达。有研究指出，定期进行博物馆参观学习的学生相对于没有实地参观经历的学生表现出认知方面的明显提高，并且班级整体对学习表现出更加积极的态度和动机。[1]博物馆学习相比于正规的学校课堂学习，有着基于真实问题、强调探究过程、能够产生多元

---

[1] Orion, N., Hofstein, A. The measurement of students' attitudes towards scientific fieldtrips[J]. Science Education, 1991, 75(5):513-523.

的学习结果等特点。①得益于博物馆的开放性环境和丰富的资源，学生的学习方式可以更加灵活有趣，博物馆学习在复杂、系统、深层知识的解释和运用方面有更突出的优势。一些研究表明，博物馆学习对于学生有长时间的影响，尤其是对于特殊社会环境和特殊内容的记忆方面。安德森等人对75名孩子的家长进行调查，关注他们童年时代关于学校组织的博物馆学习的记忆，超过80%的参与者能够描述他们早期的关于博物馆学习的一些细节。福尔克和迪尔金也曾在博物馆实地学习的经历对于小学生的长期影响的调查中指出，即使过了很多年，那些关于博物馆的正面记忆也会回到当时的博物馆环境中。②

一个合格的博物馆，必须首先是一个"知识生产体"。在对遗产进行收藏与保存、整理与研究的过程中，解读与表达某种特定观点、文化。构建与阐释特定意义与思想，从而揭示人类认识与改造世界的规律，并在这个过程中构建社会公众参与的公共知识生产机制与生态。③

当知识从其原始状态和经验形态提升至抽象概念和理论，特别是当它构建成为一个严密的逻辑体系时，它似乎与生动、鲜活、丰富的生活本身渐行渐远，逐渐转变成枯燥、空洞的文字和术语。然而，知识是多维的，科学知识和人文知识都是人类心灵的积极创造，是智慧、情感和美感的结晶，是世界多样化的表达方式。这个世界既可以用音乐的音符来构建，也可以用数学的公式来描绘，它们都是我们试图创造的关于世界的合理图像。博物馆学习中的知识更是如此，无论是片面强调情感修养，还是片面夸大理智发展，都可能导致"单向度的人"。

博物馆学习中的知识，就其客观表征来看，总是表现为一定的符号体系。它们通常以定论的形式呈现，例如本质、规律、真理等。构建博物馆学习样态，是通过展品展示、课程规划、学习引导等探索途径，一方面展现知识的客观形态，另一方面深入博物馆学习中知识的生产过程，强调学生对知识生产情境的发现与重现。有学者言："以符

---

① 伍新春，曾筝，谢娟，等.场馆科学学习：本质特征与影响因素[J].北京师范大学学报（社会科学版），2009，(5)，13-19.
② 李君.建构主义视角下的博物馆学习研究[J].外国教育研究，2014，41（5）：123-128.
④ 许潇笑.从"知识权威"到"公共知识生产体"——关于"博物馆定义"的思考[J].中国博物馆，2018（4）：17-22.

号形式表征的知识,虽然在其形式上具有确定性、客观性的特征,但从知识得以被生产的最初形态到最终的呈现,实质上经历了一个去地方性和去情境化的过程。"[1]博物馆学习的样态需要考虑到这一过程对学习的影响,通过情境的发现与还原为学习者提供知识生产的有效场域。

在博物馆学习样态构建中,知识更重要的特征是境域性,即需要在特定情境中实现知识的完善及其价值辩护。因此,我们对知识的界定应突破传统理性主义的桎梏,构建符合博物馆特点的多样化的知识维度,将知识重新置于具体情境之中,并从实践的角度对其进行深入审视。这样,学生才可能获得对知识的全面理解。基于此,在博物馆学习样态的视角下,笔者更关注博物馆学习中的知识生产过程,并将内容、能力、状态引入博物馆学习中的相关知识概念中,从知识的理论立场转向实践立场,使静态的知识动态化、活化,以真正发挥学生的主体性。唯有如此,在博物馆学习中,知识才可能真正与学生的成长建立联系,才可能复现博物馆学习中的知识多方面的育人价值。

4.3 博物馆知识的特点

博物馆学习以展品为核心,其中多数展品彼此独立,缺乏紧密的知识联系,难以形成一个系统性的学习结构。学生能够在真实的情境下,根据个人兴趣选择学习的重点,这展现了博物馆学习的实物性、直观性和广博性。尽管博物馆学习强调知识的丰富性和拓展性,但通常缺少明确的学习评价机制。这些特点对博物馆知识构建的方式产生了深远的影响。

4.3.1 依附于具体实物

"物"涵盖那些具有物理形状的有形物体,它是博物馆体验的基础。[2]实物性是博物馆知识的主要特征之一,也是博物馆区别于其他文化教育机构的重要标志。实物性主要体现在以下几个方面。

首先,博物馆的藏品构成了具有特定数量和品质的实体。这些实体通常既典型又重

---

[1] 叶波. 是"知识放逐"还是"知识回归"——基于课程改革认识论的核心素养再问问[J]. 课程·教材·教法, 2018, 38(2): 41-45.
[2] 苏东海. 博物馆的沉思[M]. 文物出版社, 2006.

要，它们承载着关于人类活动和自然演进的丰富信息，成为某一事物、事件或经历的见证。这些藏品是博物馆开展各项业务工作的基础，也是观众参观博物馆时最直接、最真实的感知对象。相比文字符号提供的抽象经验，博物馆中的历史文物、艺术品、自然标本等"物"的展览是博物馆向公众传递信息、实现教育功能的主要方式之一，提供了可以直接感知的具体经验。

其次，博物馆的实物藏品还具有主题性。博物馆的实物藏品通常围绕一个或多个核心主题进行搜集和展示，博物馆通常会利用藏品、标本、图片等多种形式的实物来展示主题，让观众能够近距离地接触和感受这些实物藏品。看到真实的、不常见的和稀有的物件能增加观众在博物馆的愉悦体验，可以触发记忆、想法和情感。[1]

最后，博物馆的实物性也与其教育职能密切相关。博物馆通过藏品和展览向公众传递知识、技能和人文精神，这种直观性教育不同于文字表达，它以受众的亲身体验为依托。通过分析、探究和发现，受众可以了解展览主题、汲取相关知识。

4.3.2 静态与惰性

博物馆知识兼具静态与惰性两个特点。"当知识不是在思维空间以概念的矛盾运动形式运动，而是脱离思维空间以其他形式运动时，这样的知识，或者说这个阶段的知识我们称之为静态知识。"[2] "惰性知识"这一词源于英国哲学家怀特海的《教育目的》一书，他用惰性知识来形容那些缺乏生命力，无法灵活运用于现实生活，不能解决真实情境中问题的知识。任何知识，如果你只是记住它，在生活中从来不用，也不知怎么用，那对你而言，它就是惰性知识。这些惰性知识是个体已经习得并储存在脑海中的知识，但在特定情境下无法被调用以供实际应用，因此处于一种非活跃状态。换言之，这些知识在需要时难以被灵活运用。

首先，从知识的存储和呈现方式来看，博物馆通常是一个静态的环境。它倾向于保存和展示历史文物、艺术品和其他文化遗产，这些展品往往代表着过去的某个时刻或某种文化现象。这种静态性使得博物馆成为一个保存和传承历史记忆的重要场所。然而，

---

[1] 王芳. 基于实物的学习：博物馆学习模式的转换[J]. 文博学刊，2021（4）：63-68.
[2] 陈赛君，陈智高. 基于静态知识与动态知识区分的组织知识管理研究[J]. 科学管理研究，2007（2）：69-72.

这种静态性也可能导致知识的惰性。因为展品一旦被放入博物馆，它们就很少会被更改或更新，这就可能使人们对于这些知识的理解和认知停留在过去的某个阶段，而无法与时俱进。正如怀特海所指出的那样，"仅为大脑所接受却不加以利用，或不进行检验，或没有与其他新颖的思想有机地融为一体"[①]。

其次，从观众的角度来看，博物馆知识的静态与惰性也体现在观众的参与度和互动性上。在一些传统的博物馆中，观众往往只是被动地接受展览的信息和知识，而缺乏与展品的互动和体验。这种单向的知识传递方式可能会降低观众的兴趣和参与度，从而使得博物馆知识成为惰性知识。

4.3.3　具有时空范畴

任何知识实际上都有一定的时空范畴，博物馆知识也不例外，时空性是其重要特征之一。

首先，从时间角度来看，博物馆收藏和展示的物品都是历史的见证，它们代表了不同历史时期的文化、艺术、科技和社会生活。通过参观博物馆，人们可以了解过去的历史事件和文化传承，理解人类社会的发展和变迁。这种时间上的延续性使得博物馆知识具有深厚的历史底蕴。

其次，从空间角度来看，博物馆展示了不同地域、不同民族的文化遗产。这些展品反映了不同地区的自然环境、社会制度、宗教信仰、风俗习惯等方面的差异。通过参观博物馆，人们可以了解不同文化的特点和魅力，增进对多元文化的理解和尊重。

最后，博物馆知识的时空性还体现在其与社会现实的联系上。博物馆不仅保存和展示历史遗产，还关注当代社会问题，通过举办临时展览、特别活动等方式，将历史与现实结合，引导人们思考当代社会面临的问题和挑战。这种与现实社会的紧密联系使博物馆知识具有时代感和实用性；同时，也打破了博物馆资源与社会的区隔，促进博物馆资源的共享与利用，实现了博物馆的可持续发展。

4.3.4　标准化与不确定性交织

博物馆提供经过学术研究后形成的标准化的知识。标准化在博物馆的日常运作与管

[①] 阿尔弗雷德·怀特海.教育的目的：汉、英[M].靳玉乐，刘富利，译，北京：中国轻工业出版社，2016.

理中占据着不可或缺的地位，它是促进数字博物馆相互连通、资源互通有无、业务协作以及保障系统安全稳定运作的关键。博物馆领域内的标准化工作，不单单是指数字博物馆所遵循的一系列标准规范，还包括源数据标准、分类编码标准、文物信息指标、影像采集标准、数据交换标准、信息安全标准以及管理标准等多个方面，这些都是文化博物行业信息化标准与规范体系的核心要素。通过制定和实施这些标准，博物馆可以确保各项业务工作的正规化，提高管理工作效能，并促进各项业务工作的协同发展。同时，它们指向经学术研究所形成的统一的、公认的标准知识体系，但标准知识体系可能会逐渐成为一种不流动的概念、分类、特性与作用等，使知识缺乏个性的、多元的解读。

同时，博物馆知识本身也存在不确定性。由于历史文物和艺术品的复杂性和多样性，它们的鉴定、评估和解释往往存在争议和不确定性。这种不确定性也体现在博物馆知识的获取、整理和传播过程中。因此，在博物馆工作中需要保持开放和包容的态度，鼓励不同观点和方法的交流和碰撞，以促进博物馆知识的不断发展和完善。

4.3.5　专家视角

博物馆的展陈作为一种事实性存在，虽然承载了大量信息，但要作为知识被发现与提取出来，则需要专家对其展开学术性研究，这主要体现在以下几个方面。

一是专业性和权威性。博物馆通常聚集了大量专业的研究人员和策展人，他们在特定领域拥有深厚的知识和丰富的经验。因此，博物馆所展示和解读的知识往往具有高度的专业性和权威性。这种专家视角使得博物馆成为公众获取准确、可靠信息的重要渠道。

二是深入研究和解读。博物馆专家不仅关注展品的外在形式，更注重对文物背后的历史、文化、艺术等方面进行深入的研究和解读。他们通过挖掘展品的内涵和价值，使公众对展品产生更加全面、深入的认识和理解。这种深入研究和解读的过程充分体现了博物馆知识的专家视角。

三是知识体系和框架。博物馆专家在长期的研究和实践中，逐渐形成了自己独特的知识体系和框架。这些体系和框架不仅有助于他们更好地传播知识，也为公众提供了一种系统的、结构化的认知方式。通过这种专家视角，公众可以更加有条理地了解和掌握相关知识。专家视角知识体系的构建往往转化为博物馆的布展逻辑。博物馆布展的首要任务是将学术研究成果转化为易于被公众理解的展览内容，这需要专家对学术研究进行深入挖掘，提炼出适合展览的主题和故事线。在此基础上，专家需进一步制订详细的展览大纲，这将成为整个展览的骨架。根据展览大纲和主题，专家需精心挑选具有代表性的展品。这些展品应能生动地展现展览主题，并帮助观众深入理解相关知识。

四是专业术语和表达方式。博物馆知识在表达和传播过程中，往往使用专业术语和特定的表达方式。这些术语和表达方式虽然可能给非专业人士带来一定的理解难度，但它们也是博物馆知识专业性和权威性的体现。通过学习和掌握这些术语和表达方式，公众可以更加深入地了解和欣赏博物馆所展示的文化遗产。

4.3.6 跨学科

博物馆知识的跨学科性是其在现代社会发展中表现出的另一个重要特征。跨学科性意味着博物馆不仅仅是展品的收藏和展示场所，而是一个汇聚多学科知识、促进跨学科交流和合作的平台。

在博物馆的展览设计中，跨学科性的考虑至关重要。这是因为博物馆展示的主题往往涉及历史、文化、艺术、科学等多个学科领域。为了使展览更具深度和广度，设计师需要在展览中引入多个学科的知识和观点，从而让观众能够从一个更全面的角度来理解和欣赏展品。

此外，博物馆的跨学科性还体现在其教育功能上。博物馆不仅是观众获取知识的场所，还是培养观众跨学科思维和综合素质的重要平台。通过组织各种形式的教育活动，如讲座、研讨会、工作坊等，博物馆可以吸引来自不同学科领域的专家和公众，促进跨学科交流和合作。

同时，随着"非物质文化"概念的提出，博物馆也逐渐突破了"物"的世界。观众在博物馆中不仅可以欣赏到各种文物和艺术品，还可以通过互动体验、虚拟现实（VR）等技术手段，深入了解展品背后的历史、文化和社会背景。"博物馆不仅仅是给观众提供'物'的场所，同时也是透过'物'去体验、认知、理解的场所。在这样一个场所中，观众可以获得对于'现象'的体验。"①这种跨学科的展示方式不仅让观众获得了更丰富的知识体验，也提高了他们的综合素养和审美能力。

4.4 博物馆知识的四种类型

1956年，知名教育和心理学家布卢姆与其他学者共同撰写的《教育目标分类学第一分册：认知领域》一书正式发行，揭开了教育目标分类学研究的新篇章。历经十年的探索，到了1966年，教育目标分类学在认知、情感以及心理动作等领域均取得了初步的研究成果。在该书中，布卢姆将知识划分为事实性知识、概念性知识、程序性知识和元认知知识四个层面。就博物馆知识的类型而言，笔者借鉴了上述经典分类的思路，结合博物馆的自身特点，对博物馆的知识做如下分类。

4.4.1 简单信息

作为以"实物"为核心的博物馆，对于每一件展品，博物馆都会进行详细记录，包括其年代、产地、制作工艺、历史价值等方面的信息。这些信息不仅有助于博物馆对文物和藏品进行分类、整理和保护，也为公众提供了了解文物和藏品的基本途径，这些信息是博物馆知识的基础，也是公众了解展品的第一步，是博物馆知识最直接的呈现方式。

4.4.2 特征描述

通过对展览物品的具体属性和特性的详细描述，观众能够从历史性、文化性、工艺技巧、美学特征等众多维度理解和欣赏这些展品。

4.4.3 经验性理解

在日常生活中，大量的理解是基于既有经验的。在有规律的联系或共同发生的事情基础上，个体形成了事件（之间存在某种联系）的观念。此时形成的观念，往往是个体感官能够察觉到的、以事物相对明显的特征或联系为根据的。这种观念是个体在既有的

---

① 王思怡.《多感知博物馆：基于触摸、声音、嗅味、空间与记忆的跨学科视野》——突破博物馆传统展陈设计的新理念[J]. 科学教育与博物馆，2018，4（6）：437-438.

思维习惯之下，对事物及其关系的粗糙的、混沌的观察结果。通常情况下，这些观念是事物之间表面的、现象的或功能性的联结，而非内在的因果关系或者运作机制。[1]对博物馆知识的经验性理解是指通过个人的亲身经历、感知和体验来获得对文物和藏品的深入理解。这种理解不同于简单的信息传递和接收，强调个体的参与和体验，以及对文物和藏品背后所蕴含的历史、文化、社会等深层次信息的感知和理解。在博物馆中，学习者可以通过多种方式获得经验性理解。首先，通过亲身参观展览，学习者可以近距离观察文物和藏品，感受它们的质地、色彩、形态等直观特征，这种直接的感知方式有助于观众形成对文物和藏品的深刻印象。其次，博物馆通常会提供一些互动性的体验项目，如触摸展览、虚拟现实体验等，这些项目可以让观众更加深入地了解文物和藏品的历史背景、制作工艺等方面的信息，增强他们的参与感和体验感。此外，博物馆还会举办讲座、研讨会等活动，邀请专家学者对文物和藏品进行深入解读和探讨，学习者可以通过这些活动获得更多的知识。

4.4.4 概念性理解

概念性理解不同于经验性理解，是一种深层次的理解。学习者通过不断地探索、试验和反思，将已有的知识与新的经验相结合，从而产生新的理解和见解，为其深入阐释概念性理解提供新的启示。概念性理解的形成是反省思维对事物意义不断概念化的过程，其表现特征体现在个体的知识组织和提取、模式识别或问题表征、解释与预测现象、问题解决与应用迁移等诸多方面。简言之，概念性理解是指在抽象的水平上把握事物带有普遍性的意义。[2]博物馆知识的概念性理解涉及对展品总体的、概括性的认识和理解，这种理解主要基于展品的本质属性、功能、历史背景以及它在特定领域或文化中的地位。

博物馆知识的概念性理解还体现在对文物和藏品的比较和分析上。通过对不同时代、不同地域、不同文化背景的文物和藏品进行比较和分析，观众可以更加深入地了解

---

[1] 杨向东，黄婧，陈曦，等.论概念性理解——兼及"钱学森之问"的教育破解途径[J].教育发展研究，2022，42（20）：54-68.

[2] 杨向东，黄婧，陈曦，等.论概念性理解——兼及"钱学森之问"的教育破解途径[J].教育发展研究，2022，42（20）：54-68.

它们之间的联系和差异，从而更好地认识历史和文化的多样性和复杂性。

4.5 博物馆知识与学科学习的关系

研究者经常将博物馆学习与课堂学习放在非正式和正式学习的范畴进行比较。博物馆学习也是在"非正式学习"研究兴起的背景下被研究者所逐渐重视的。

从学习内容的结构化角度来看，博物馆知识通常涵盖历史、文化、艺术、科学等多个领域，以实物、展品为基础，提供直观、真实的学习体验。它注重知识的广度，鼓励学生通过观察和互动学习新知识。有研究者将博物馆学习、学科学习、社会学习做了对比，发现：学科学习结构完整，有制度约束；社会学习则明显偶发性更强，结构性弱；博物馆学习介于二者中间，博物馆学习比一般的闲谈所得到的学习经验更加结构化。但从学校教育的观点来看，学习是偶发的和非结构化的，博物馆创设了家庭和学校难以提供的情境，在结构化的环境中提供非结构化的学习方式。博物馆通过实物模型的布置，配合图片、文字说明，构建出结构化的学习内容，但学习的方式是学习者根据各自的经验、兴趣自由选择的。[①]博物馆学习往往强调学习的综合性和跨学科性，注重实践参与和激发学习兴趣。其学习目标相对开放，不局限于特定的知识点，而是鼓励学生在探索中自主构建知识体系。学科学习则更侧重依据课程标准，明确设置核心素养目标。它注重课程体系的逻辑性和系统性，强调学生对特定知识点的掌握。[②]因此，博物馆知识可以作为传统学科学习的补充和拓展，为学生提供更加丰富和多样的学习资源。同时，对传统学科的学习也可以为博物馆学习提供必要的知识背景和理论基础。

从学习方式来看，博物馆学习与学科学习在实际的学习过程中并不是截然对立的关系，二者既有明显区别，又互为补充。博物馆学习往往是非线性的，学习者可以根据自己的兴趣和好奇心自由探索，通过观察和互动来创造自己的知识体系。而学科学习通常是线性的，是按照教材的顺序逐步深入学习，学生通过记忆和理解来掌握学科知识。从学习体验来看，博物馆提供的是沉浸式的学习体验，博物馆知识是情境化的知识，学习

[①] 鲍贤清.博物馆场景中的学习设计研究[D].上海：华东师范大学，2013.
[②] 刘世斌.开发博物馆课程，让学生在研学旅行中开展深度学习[J].中小学教师培训，2018，（7）：36-38.

者可以在一个真实、生动的环境中感受历史和文化，增强学习的趣味性和吸引力。学科学习提供的是系统的学科知识，注重培养学生的逻辑思维和分析能力，而这种学科知识是去情境化的。

综上所述，博物馆知识与学科学习之间存在明显的互补性。通过融合这两种学习方法，能够为学生打造一个更加全面、丰富且多元的学习体验，从而促进他们的全方位发展。同时，这种结合也可以增强学生的学习兴趣和动力，提高他们的学习效果和综合素质。

4.6 博物馆的知识阐释体系

博物馆的知识阐释体系是博物馆向公众传达信息和知识的系统化方法体系，博物馆是一个多层次、多元化的结构，旨在通过多种手段和方式向公众传达展品的历史、文化、科学和艺术价值。这个体系不仅注重展品的物理特征和美学价值，还深入挖掘其背后的历史文化内涵和社会意义，为观众提供全面、深入的知识阐释。

4.6.1 确定主题

博物馆展览的主题是展览的灵魂，它统领整个展览，赋予展览以个性和高度的思想性。主题不仅反映了展览的理念和视角，也引导学习者在参观过程中理解和感受展览的核心内容。

博物馆学习在确定主题时，通常需要考虑以下几个方面的内容。

1. 博物馆藏品与展览内容

首先，学习主题应该与博物馆的藏品和展览内容紧密相关。这样可以充分利用博物馆的资源，使学习内容更加丰富和生动。通过对藏品和展览的深入了解，可以确定哪些主题能够凸显博物馆的特色和优势。

2. 教育目标与受众需求

确定主题时，需要考虑教育目标和受众的需求。例如，针对不同年龄段的学习者，可以设计不同的主题，以满足他们的兴趣和认知发展水平。同时，学习主题也应该符合教育目标，能够帮助学习者获得相应的知识和技能。

3. 时代性与文化性

博物馆学习主题应该具有时代性和文化性，能够反映当前社会的热点和趋势，同时传承和弘扬优秀的传统文化。在确定主题时，可以关注当前的社会热点和文化现象，将其与博物馆的藏品和展览相结合，形成具有时代性和文化性的学习主题。

4. 跨学科性与综合性

博物馆学习内容通常涉及多个学科领域，如历史、艺术、科学等。在确定主题时，可以考虑跨学科性和综合性，将不同学科的知识和技能融合在一起，形成综合性的学习主题。这样可以帮助学生更好地理解不同学科之间的联系。

5. 可操作性与趣味性

学习主题应该具有可操作性和趣味性，能够激发学习者的学习兴趣和参与度。在确定主题时，可以考虑设计一些实践活动或互动环节，让学生亲身参与和体验，确保课程的趣味性和吸引力。

4.6.2 参与者分析

博物馆学习样态建构的参与者主要包括学生、教师和博物馆工作人员。学生是博物馆学习的主要参与者，他们的年龄和认知水平、兴趣和动机、学习方式和习惯等因素都会影响学习的效果。因此，在课程设计和实施过程中，需要充分考虑学生的特点和需求。

1. 年龄和认知水平

不同年龄段的学生有不同的认知水平和兴趣爱好。例如，小学生可能对历史故事和互动游戏更感兴趣，而高中生则可能更注重深入分析和批判性思维。因此，博物馆学习应该根据学生的年龄和认知水平来设计。

2. 兴趣和动机

学生的兴趣和动机是影响学习效果的重要因素。博物馆学习应该尽可能地吸引学生的兴趣，激发他们的学习动机。例如，博物馆可以通过与学生生活密切相关的主题或实践活动来吸引他们的注意。

3. 学习方式和习惯

学生们的学习方式和习惯各不相同。有的学生倾向于通过观察和实践来吸收知识，有的学生则可能更偏好通过阅读和研究来掌握信息。因此，博物馆学习应该提供多种学习方式，以满足不同学生的学习需求。

教师在博物馆学习中扮演着重要的角色，他们的专业素养和教学能力直接影响学习的效果。博物馆学习要求老师具备丰富的历史、文化、艺术、科学知识，以便向学生传达文物和展品背后的故事和知识。此外，教师应具备良好的教学能力和沟通能力，包括课程设计、组织实施、评估反馈等方面，将复杂的知识点以简明扼要的方式传递给学生，同时还需要与学生进行良好的互动，激发学生的学习兴趣。

博物馆工作人员是博物馆学习的重要支持者和参与者，他们为课程的顺利实施提供了必要的保障，他们可以为课程提供丰富的藏品和展览资源，帮助教师设计和实施课程。博物馆工作人员通常具备专业的历史、艺术、科学等知识，可以为教师和学生提供专业的指导和帮助，也为博物馆学习提供了合适的场地和设施，如教室、展览厅、实验室等，为学习的顺利实施提供必要支持。

4.6.3　故事线设计

"博物馆塑造集体记忆的机制不仅依赖单个展品的物质存在，更取决于博物馆将诸多展品搜集、整理、展示的方式。更具体一些，对展品的讲述、对参观者的引导、对历史的再现是博物馆最具力量的话语建构方式。正如厄恩斯特指出，历史信息是复杂凌乱的、无体系的甚至相悖的。要想将这些凌乱的信息裁剪，从这些表面上毫不相干的展品信息中凝练、构建出一套成体系的'故事线'，需要靠叙事。这是一个博物馆建构集体记忆的能力基础。"[①]

博物馆学习的故事线设计是博物馆知识阐释体系中的关键环节。它能够将博物馆的展品、历史和文化知识融入一个引人入胜的叙事结构中，激发学习者的学习兴趣和参与度，以下是笔者对博物馆故事线设计的一些建议。

1. 确定主题和目标

明确课程的主题和目标，这是故事线设计的核心，以确保所有内容都围绕这个主题展开，并达到预期的教育目标。

---

① 燕海鸣. 博物馆与集体记忆——知识、认同、话语[J]. 中国博物馆，2013（3）：14-18.

2. 选择合适的展品和历史事件

从博物馆的藏品和展览中挑选出与学习主题相关的展品和历史事件。这些展品和事件将成为故事线的重要组成部分，帮助学习者建立对主题的理解和认识。

3. 构建故事框架

设计一个清晰的故事框架，包括开头、发展、高潮和结尾。这个框架应该能够引导学习者逐步了解主题，激发他们的好奇心和探索欲望。

4. 创造角色和情境

为故事线创造有趣的角色和情境，使学习者更容易产生共鸣和情感连接。这些角色可以是历史人物、展品本身或者学习者自己。

5. 融入互动环节

在故事线中融入一些互动环节，例如小组讨论、角色扮演、实地考察等，以吸引学习者积极参与并亲身体验故事的进展。

6. 注重情感表达

通过生动的语言、图片、视频等多媒体手段，传达情感和价值观，使学习者在学习过程中产生共鸣和感悟。

7. 建立联系和反思

在故事线的结尾部分，引导学习者回顾所学内容，建立与现实生活的联系，并鼓励他们进行反思和分享。

8. 反馈和调整

在实施过程中，根据学习者的反馈和教学效果，对故事线进行必要的调整和优化，以确保其有效性和吸引力。

4.6.4 展品选择与展陈方式

利于博物馆学习的展品选择与展陈方式对于学习的效果至关重要。它们不仅决定了学习者能够接触到的信息类型和质量，还影响了学习者的学习体验和兴趣。博物馆学习的展品选择是一个精心策划的过程，它要求教育者深入了解课程内容、教育目标以及学习者的需求和兴趣。在选择具体的展品时，需要注意以下几个方面。

1. 与课程主题紧密相关

首先，选择的展品应该与课程的主题紧密相关。这意味着展品应该能够直接支持课程的学习目标和教育目的。例如，如果课程主题是"古蜀文明"，那么选择的展品应该是与古蜀文化相关的，如蜀王权杖、黄金面具等。

2. 反映历史和文化背景

展品应该能够反映特定时期或文化的历史和文化背景。选择那些具有历史意义、文化代表性的展品，这有助于学习者更深入地了解历史和文化背景，形成初步体会与认知。

3. 具有多样性和包容性

在选择展品时，要考虑到多样性和包容性。这意味着选择的展品应该代表不同的文化、时期和地区，以展示人类文明的多样性和包容性。同时，也要考虑到学习者的多样性，确保展品对不同学习者群体都具有吸引力。

4. 互动性和参与性

选择那些具有互动性和参与性的展品，可以激发学习者的学习兴趣和积极性。这些展品可以是触摸式的、可操作的，或者是可以进行一些互动活动的。例如，可以选择一些具有互动功能的多媒体展品，让学习者通过触摸屏幕来探索展品背后的故事。

5. 考虑学生的年龄和认知水平

在选择展品时，还需要考虑学习者的年龄和认知水平。对于小学生来说，可能需要选择更直观、更有趣的展品来吸引他们的注意力；而对于高中生或大学生来说，可能需要选择更具深度和挑战性的展品来满足他们的学习需求。

4.6.5 展品信息

在博物馆知识的阐释体系中，展品信息的呈现和传播是至关重要的一环，它承担着向观众传达展品详细背景、历史、文化以及科学价值的重任。在阐述展品信息时，需要做到以下几点。

1. 详细而准确地描述

为每件展品提供详细而准确的描述，包括其名称、年代、材质、制作工艺、历史背景等。

2. 清晰的图片和图表

使用高质量的图片和图表来展示展品的外观、细节和特征。这些图片应该清晰、易于理解，能够帮助学习者更好地观察和理解展品。

3. 互动式的信息展示

利用现代技术，如触摸屏、虚拟现实（VR）、增强现实（AR）等，为展品提供互动式的信息展示。

4. 故事化的叙述

将展品信息以故事化的方式呈现，通过讲述展品背后的故事、历史事件和文化背景，帮助学生更好地理解和欣赏展品。

5. 多样化的语言风格

考虑使用多样化的语言风格来呈现展品信息，以适应不同年龄段和认知水平的学习者。对于小学生，可以使用简单明了的语言和生动的插图来呈现信息；对于高中生或大学生，则可以使用更加专业的语言和丰富的内容来满足他们的学习需求。

6. 关联和比较

将不同的展品进行关联和比较，展示它们之间的相似性和差异性。

综上，有效的展品信息应该详细而准确、清晰易懂、具有互动性和故事性，适合不同年龄段和认知水平的学习者。通过合理呈现和传播展品信息，可以帮助学习者更好地理解和欣赏展品，提升他们的学习效果和兴趣。

4.6.6 场景设置

在博物馆的知识阐释体系中，场景设置对于营造学习氛围、提升学习者的学习兴趣至关重要。一个合理的场景设置能够营造一种身临其境的氛围，使学习者更好地融入展览主题，深入了解展品的背后故事。因此，在博物馆的场景设置，应该做到以下几点。

1. 主题场景

根据课程内容设定一个明确的主题，如古代文明、自然探索、科技发展等，然后围绕这个主题进行场景布置。

2. 模拟环境

利用模型、道具和装饰物等模拟真实环境，让学习者仿佛置身于历史或文化现场。

3. 互动区域

设置专门的互动区域，供学习者亲自动手操作和体验。这些区域可以包含各种互动装置、小实验或工作坊，让学习者在实践中学习。

4. 多媒体辅助

通过投影仪、触摸屏、音响等多媒体设备，展示与课程内容紧密相关的图片、视频和音频资料。这些丰富的多媒体辅助材料能够增强场景的沉浸感，从而帮助学习者更加直观地掌握知识。

5. 灵活布局

场景设置应该具有一定的灵活性，可以根据课程内容的变化进行调整。这样可以满足不同学习者的学习需求，保持学习者的新鲜感。

6. 安全考虑

在场景设置过程中，要充分考虑学习者的安全问题。确保所有装置和道具都稳固可靠，避免发生意外。同时，对于需要特殊操作或注意事项的场景，要设置明显的安全警示标识。

一言以蔽之，利于博物馆学习的场景设置应该围绕课程内容展开，通过模拟真实环境、提供互动体验、利用多媒体辅助等手段，营造出一个生动、有趣且安全的学习氛围。这样的场景设置能够激发学习者的学习兴趣和积极性，提升他们的学习效果。

4.6.7 活动设计

活动设计是博物馆的知识阐释体系中的重要一环，是确保学习者获得丰富学习体验的关键一步。好的活动设计能够使观众在参与过程中更深入地了解展览内容，同时增加参观的趣味性和互动性。因此，博物馆活动设计应包含以下内容。

1. 导览与讲解

专业导览：请博物馆的专业人员或志愿者为学习者进行导览，介绍展品的历史背景、文化意义等。

互动讲解：鼓励学习者提问，进行互动式的讲解，使学习更加深入。

2. 主题探究

小组活动：对学习者进行分组，每组选择一个主题进行深入研究，并在课程结束时进行展示。

研究项目：鼓励学习者进行独立或合作的研究项目，探索某个展品或文化现象背后的故事。

3. 互动体验

动手活动：设计一些与展品相关的手工活动，如制作复制品、绘画、创作等。

虚拟现实：利用虚拟现实技术，让学习者"穿越"到历史现场，亲身体验历史时刻。

4. 反思与分享

小组讨论：课程结束后，组织学习者进行小组讨论，分享学习心得和体会。

反馈机制：鼓励学习者提供对课程的反馈，以便不断完善和优化课程设计。

5. 结合学校课程

跨学科整合：将博物馆课程与学校的其他学科（如历史、艺术、科学等）相结合，增强课程的综合性和实践性。

作业与项目：设计与博物馆学习相关的作业和项目，让学习者在家中也能继续学习和探索。

通过这些活动设计，博物馆学习可以变得更加生动有趣，吸引学习者的积极参与，同时也能提高他们的学习效果和兴趣。

4.6.8 衍生资源

博物馆学习的衍生资源是指那些基于博物馆藏品和文化资源开发的，能够增强学习者学习体验和拓展课程内容的额外资源。这些资源能够为学习者提供更深入、多样化的学习机遇，进一步激发他们的学习热情和创造力。因此，在拓展博物馆衍生资源时，可以采取以下形式。

1. 教育工作坊

教育工作坊可以是基于博物馆的藏品，开设手工艺工作坊，如制作复制品、传统手工艺体验等；也可以是结合博物馆的科学展品，开设相关的科学实验工作坊，让学习者亲自动手进行实验探索。

2. 在线资源

通过建立数字博物馆平台和开展在线课程与活动，提供藏品的高清图片、3D模型等在线资源，方便学习者进行远程学习，让学习者可以在家中继续学习和探索博物馆的内容。

3. 出版物和资料

出版与博物馆学习相关的教育图书，提供丰富的学习材料或者提供与博物馆藏品相关的研究资料、学术论文等，供学习者进行深入研究。

4. 合作与社区参与

可以通过与当地学校建立合作关系，共同开发和实施博物馆课程；也可以组织社区活动，如博物馆之夜、文化节庆等，让更多人参与到博物馆学习中来。

充分利用这些衍生资源，博物馆可以为学习者提供更加丰富多彩的学习体验，同时也能够拓展学习内容，增强学生的学习效果和兴趣。

4.7 从阐释的知识到自我创造的知识

从阐释学角度来看，"阐释"在于标明、呈现某种整体态势。具体来说，就是开放性、延展性、多样性的态势，相当于海德格尔所谓的"开觉"或"打开"状态，即不饱和的整体性非封闭展开状态。[1]在知识获取的过程中，阐释和创造是两个重要的阶段。阐释通常是对现有知识的理解和解释，是对知识的静态描述和解读。然而，随着认知科学和学习理论的发展，人们越来越认识到知识不是被动接受的，而是要通过个体的自主创造（即主动建构）来获得的。

从阐释走向创造的转变，体现了知识获取过程中的动态性和主动性。建构主义学习理论强调知识的建构本质，主张知识并不是通过被动接受（教师传授或复制学习材料）的方式获得，而是学习者在特定社会文化环境中，通过人际协作互动，利用必要的学习资源，通过积极的意义建构过程来掌握的。在这个过程中，学习者不只对知识进行简单

---

[1] 李红岩.阐释·诠释·解释·说明[J].浙江学刊，2023（6）：17-25.

的复制和理解,更是通过自己的经验、认知和情感等因素,对知识进行加工、重组和创新,从而创造出属于自己的知识体系。

因此,从阐释走向创造的过程,也是学习者从被动接受知识到主动创造知识的转变。这种转变不仅有助于提高学习者的学习效果和兴趣,也有助于培养他们的创新能力和批判性思维。同时,这种转变也对教育工作者提出了更高的要求,需要他们在教学设计中更加注重学习者的主体性和主动性,提供更多的机会让学习者参与到知识的创造过程中来。

4.7.1 转化机制

1. 同化与顺应

同化是学习者知识建构的基本机制,是指学习者以原有的知识经验作为基础来同化新知识,将新知识纳入原有的认知结构中,从而丰富和加强原有的知识体系。

具体而言,当外部环境发生变动,而既有的认知框架无法满足新环境的要求时,个体将通过修改现有的认知框架或构建新的认知框架来适应这一变化,这一过程就是顺应。顺应是一种主动的过程,有助于个体在面对变化时保持灵活和机智。

在教育心理学中,顺应是个体认知发展的一个重要机制,与学习者的主动性和建构性密切相关。皮亚杰认为,认知发展是一个动态的过程,个体在不断地与环境互动和经验交流中逐步建构和调整自己的认知结构。[①]

顺应和同化是认知发展的两个关键机制,通过这两种机制,个体能够逐步发展出更加复杂和高级的思维能力和认知水平。同化和顺应是博物馆知识建构的两个相互依存、不可分割的方面,它们在知识建构过程中相互作用、相互影响,共同推动着知识的不断发展和完善。

2. 知识的整合与深化

博物馆知识与已有知识相结合,形成一个更加连贯和一致的知识体系。学习者需要分析新旧知识之间的关系,并找到它们之间的连接点。通过整合,学习者可以扩大其知识网络,并建立对已有知识更加深入的理解。同时,他们还需要对知识进行深化,即发

---

① 刘厚. 正确理解皮亚杰理论中同化和顺应的概念[J]. 大众心理学,2015(7):42-43.

现知识的内在逻辑和规律，提高其理解和应用水平。

3. 知识的创造与迁移

博物馆知识建构的最终目的就是对知识的创造与迁移。学习者将所学博物馆知识应用于实际情境或问题中，以检验其有效性和实用性。同时，他们还需要将在一个情境或领域中学到的知识应用到另一个情境或领域中，实现对博物馆知识的主动创造与迁移。这要求学习者具备跨领域思考和迁移的能力以及灵活应用知识的策略。

除了以上四个方面，知识创造的机制还受到多种因素的影响，如学习者的认知水平、情感态度、文化背景等。因此，要实现博物馆知识的有效创造，需要学习者在学习过程中保持积极主动的态度，充分利用各种博物馆学习资源和机会，与他人进行良好的互动和合作。同时，教师要引导和支持学生，为他们提供良好的学习环境和条件。

4.7.2 转化驱动

在博物馆知识的自我创造中，转化驱动是一种关键机制，它强调知识在建构过程中的不断转化和重构。转化驱动的核心在于将已有的知识、经验和观念通过反思、批判和创新，转化为新的、更深层次的理解和认知。

在转化驱动的过程中，学习者扮演着积极的角色。他们不再是被动的知识接受者，而是主动的知识转化者。他们通过对已有知识的质疑、挑战和重构，产生新的理解和认知，实现知识的转化和深化，进而创造属于自我的认知。

要实现转化驱动，教师需要为学生创造一个开放、包容的学习环境，鼓励他们进行批判性思考和探索。同时，教师还需要提供适当的引导和支持，帮助学生在转化的过程中找到新的认知点和联系，促进知识的有效建构。转化驱动不仅推动了知识的深化和发展，还有助于培养学生的创新思维和解决问题的能力。通过不断地转化和重构知识，学生可以逐渐形成自己的认知体系和知识框架，从而更好地应对复杂多变的问题和挑战。

转化驱动作为博物馆知识创造中的重要机制，它能够促进学生对博物馆知识的深入理解和创新应用，推动博物馆知识的不断发展和深化。主要的驱动方法包括以下几种。

1. 兴趣驱动

这种方法基于学习者的个人兴趣实现博物馆知识的转化与自我知识的创造。当学习者对某个主题或领域感兴趣时，他们会更加投入和积极地探索相关知识。教师可以通过设计有趣的学习活动、提供与学习者兴趣相关的资源或项目，以及鼓励学习者追求自己的兴趣点来激发他们的学习兴趣。

2. 问题驱动

问题驱动是一种以问题为中心的教学策略，它鼓励学习者通过提出问题、探索答案的方式来主动创造知识。问题驱动的学习过程通常从矛盾、疑惑或挑战开始，它能激发学习者的好奇心和探究欲，引导他们深入思考和研究。在博物馆这样的非正式学习环境中，问题驱动能够促进学习者与展品之间的互动，增强学习体验的深度和广度。通过这种方式，学习者不仅能够获得知识，还能通过解决问题创造属于自我的认知。

3. 任务驱动

在这种方法中，学习者在完成具体任务的过程中进行知识建构。任务可以是项目、案例、实验等，学习者通过完成任务来获取知识并提升实践能力。教师可以设计具有实际意义的任务，让学生在完成任务的过程中进行知识建构和实践，同时提供必要的指导和支持。

这些方法并不是孤立的，它们可以结合使用，以更有效地推动知识创造的过程。例如，一个任务可以设计得既符合学习者的兴趣，又包含需要解决的问题。这样的任务既能激发学习者的兴趣，又能引导他们通过解决问题来建构知识。

4.7.3 转化策略

转化策略被视为促进知识转化、深化，进而实现自我知识创造的关键过程。它强调学习者在接收新知识时，不是简单地将其存储在记忆中，而是要通过一系列的认知活动，将新知识与已有的知识、经验、信念相结合，从而创造出新的、更深层次的理解。这种转化过程不仅要求学习者具备批判性思维和创新能力，还需要他们具备自我反思和自我调节的能力。学习者需要不断地对自己的学习过程进行反思和调整，以确保新知识能够与已有知识有效地整合，并在实践中得到验证和应用。

为了有效地实施转化策略，学习者需要采取一种积极的态度，主动寻找和创造学习机会。他们应该勇于突破自己的认知边界，尝试用新的方式理解和应用知识。同时，他们也需要与他人进行合作和交流，通过分享彼此的观点和经验，来促进知识的共享和深化。

使博物馆知识由阐释走向转化，并实现有效创造的主要策略如下。

1. 激发兴趣

博物馆作为知识的宝库和文化的殿堂，对于激发学习者的学习兴趣具有独特的作用。在建构主义学习理论的指导下，博物馆可以通过多种策略来激发学习者的学习兴趣，促进他们的知识建构和对知识的深化。

首先，博物馆可以提供情境化的学习环境。博物馆通过展示真实的文物、复制品等方式，为学习者创造了一个直观、生动的学习环境。这种情境化的学习方式能够让学习者身临其境地感受历史、文化和科学的魅力，从而激发他们的好奇心和探索欲望。其次，博物馆的展览和活动设计可以注重新旧知识的联结。在展览中，博物馆可以将古代文明、历史事件、科学技术等内容与学习者已有的知识体系相联系，通过对比、分析和综合等方式，引导学习者将新知识纳入已有的认知结构中。这种联结新旧知识的策略不仅有助于学习者深化对展览内容的理解，还能够让他们感受到知识的连贯性和趣味性，进一步激发他们的学习兴趣。再次，博物馆还可以鼓励学习者的自我反思和参与。通过设置互动展览、工作坊、讲座等活动，博物馆可以为学习者提供参与和体验的机会。学习者通过亲身参与和动手实践，能够更深入地了解展览内容，并对自己的学习过程进行反思和总结，这种参与和反思的过程也能够增强学习者的学习动力。最后，博物馆可以利用社交媒体和数字技术来拓展学习者的学习体验。通过在线展览、虚拟现实、增强现实等技术手段，博物馆可以让学习者随时随地访问和学习，并与他人进行交流和分享。这种数字化的学习方法不仅能够满足学习者的个性化需求，还能激发他们的学习兴趣和动力。

2. 讲好故事

博物馆可以通过讲好故事的方式来激发学习者的学习兴趣，促进知识的建构、深化与自我知识的创造。讲好故事是一种有效的教学策略，能够帮助学习者更好地理解和记忆知识，同时增强学习的吸引力和趣味性。

首先，讲好故事能够激发学习者的情感共鸣。在博物馆中，通过讲述富有情感色彩的故事，可以吸引学习者的注意，引发他们的好奇心和兴趣。这些故事可以是关于历史事件、人物传记、文化传说等的，通过生动的叙述和丰富的展示手段，让学习者感受到故事背后的情感和意义，从而更加投入地参与到学习中。其次，讲好故事有助于构建知识框架和联系。在建构主义学习理论中，学习被视为学习者主动构建知识的过程。通过讲好故事，可以将博物馆中的展品、文物和历史事件与学习者的已有知识相联系，建立知识框架和联系。这种联系不仅能够帮助学习者更好地理解和记忆知识，还能够促进知识的迁移和应用，使学习更加有意义和知识更加实用。最后，讲好故事能够培养学习者的批判性思维和创新能力。在讲述故事的过程中，可以引导学习者进行思考和讨论，提出问题和观点，培养他们的批判性思维和创新能力。学习者通过参与故事的讲述和讨论，可以逐渐发展出对历史事件、文化现象和科学知识的深刻理解和独立见解。

3. 丰富体验

博物馆作为文化的交汇点和知识的宝库，还应为观众提供了丰富多样的体验机会。这些体验不仅仅是视觉上的，还涉及听觉、触觉甚至嗅觉等多个感官层面，让观众能够全方位地感受和了解展品所承载的历史、文化和科学信息。

首先，博物馆通过展示不同时代、不同地域的文物和艺术品，为观众提供了跨越时空的体验。观众可以通过观察、比较和互动，深入了解不同文明的发展历程和特色，从而拓宽自己的视野和认知。其次，博物馆还常常举办临时展览、特别活动和工作坊等，为观众带来更加多样化和个性化的体验。这些活动能够依据多样化的主题和目标受众进行定制，以迎合不同观众的兴趣和需求。例如，针对儿童和青少年群体，博物馆可以策划互动性强且寓教于乐的展览和活动，使他们在游戏的过程中吸收知识，感受文化的魅力。再次，现代科技的融入也为博物馆的体验增添了新的活力。VR、AR、3D打印等前沿技术，为学习者提供了沉浸式的互动体验。通过佩戴特定设备，学习者仿佛亲临历史场景，与展品互动，甚至有机会亲手制作复制品。这种体验无疑更加生动和深刻。最后，除了活动的设计，博物馆的空间布局和环境营造也是提升观众体验的关键因素。宽敞明亮的展厅、舒适宜人的参观环境、友好的工作人员等，都能让观众感受到博物馆的用心和关怀，从而更加享受和投入博物馆学习。

4. 引发探究

博物馆是一个引发探究的绝佳场所。行为主义理论认为学习者通过与环境的互动，可以不断调整和丰富自己的知识体系。博物馆作为一个充满丰富展品和信息的环境，为学习者提供了无限的探究机会。首先，博物馆的展品本身就是探究的起点。每一件展品都承载着特定的历史、文化和科学信息，而这些信息往往隐藏着许多未知和谜团。学习者可以通过观察、分析和思考，提出自己的问题和假设，进而开展深入的探究学习。博物馆的展览设计也可以巧妙地引导学习者发现问题、提出问题，并激发他们的好奇心和探究欲望。其次，博物馆可以提供多样化的探究工具和资源。例如，博物馆可以设置实验室、工作坊或互动展览，为学习者提供亲自动手的机会。通过实践操作、观察实验现象和分析数据，学习者可以更加深入地理解展品背后的科学原理和文化内涵。此外，博物馆还可以提供图书、资料和研究工具等，支持学习者的深入学习和探究。再次，博物馆可以组织各种形式的探究活动和项目。同时，博物馆还可以与学校、社区等机构合作，开展跨学科的综合性探究活动，促进学习者全面发展。最后，博物馆的专业人员和志愿者也是引发探究的重要力量。他们可以为学习者提供指导、解答疑惑，并引导他们进行深入的思考和探究。通过与专业人员的互动和交流，学习者可以更加深入地了解展品背后的故事和意义，从而激发更多的探究兴趣和动力。

5. 促成表达

表达是学习者自我知识创造并得以表征的重要环节。通过表达，学习者能够将自己的理解、思考和感受转化为具体的语言或形式，从而实现知识的共享、交流和深化。博物馆作为一个文化交流和知识传递的场所，可以促成学习者的表达，帮助他们更好地整理和传达自己的学习成果。

首先，博物馆的展览和活动设计可以鼓励学习者的表达。例如，博物馆可以设置互动展览，让学习者通过操作展品、参与游戏或完成任务来展示自己的理解和感受。这样的设计不仅能够激发学习者的参与热情，还能够让他们在实践中锻炼表达能力。

其次，博物馆可以提供多样化的表达方式和平台。博物馆除了提供传统的导览和讲解服务外，还可借助社交媒体、在线展览以及虚拟现实等先进技术，使学习者能够通过文字、图片、视频等多种媒介展示他们的学习成果。这些平台不仅满足了不同学习者多样化的表达需求，还促进了他们作品的广泛传播。

再次，博物馆可以组织各种形式的活动和项目，促进学习者的表达和相互交流。例如，博物馆可以举办研讨会、讲座和展览开幕式等活动，邀请学者、艺术家和公众参与讨论和分享。在这些活动中，学习者可以展示自己的研究成果、创作作品或思考感悟，与他人进行深入交流和互动。

最后，博物馆的专业人员和志愿者在促进学习者表达方面发挥着重要的作用。他们通过引导、反馈和评价等方式，帮助学习者更好地整理和表达自己的想法和感受。同时，还为学习者提供展示和交流的机会，使他们的作品获得更多的关注和认可。

第5章 深度理解：博物馆学习样态的核心要义

学习者在开展博物馆学习过程中创造自我知识，其核心要义是实现深度理解。"理解"要求学习者透过展品的物质形态，洞察其蕴含的文化价值、历史意义和艺术内涵。本章将系统地阐述在博物馆学习环境中实现深度理解的认知要素、两个内核及两条路径，揭示如何通过博物馆学习，促进个体对知识的综合把握与创新应用，达到对展品及其背后故事全面而深刻的理解，进而实现自我的知识创造。

5.1 深度理解与博物馆学习的关系

在探索博物馆学习样态的过程中，深度理解无疑占据了举足轻重的地位。它不仅是知识获取的终点，更是认知深化与思维拓展的起点，是实现"学习是知识创造"的关键。博物馆学习价值的体现，在很大程度上依赖于学习者能否从中获得深刻而持久的理解。这种理解不仅限于对展品本身的认识，更包括对展品背后所蕴含的历史、文化、科学等多维知识的洞悉。因此，博物馆学习的核心任务，就是要通过各种问题和项目，帮助学习者在观察、思考、互动的过程中，逐步实现对展品及其相关知识的深度理解。这种理解不仅能够提升学习者的个人素养，更能够推动社会文化的传承与创新。因此，深度理解不仅是博物馆学习的核心要义，也是其永恒追求的目标。

5.1.1 博物馆学习是一种深度学习

博物馆作为连接过去与现在、文化与生活的桥梁，为学习者提供了一种独特的深度学习场域。它不仅是一个静态的知识展示空间，还是一个动态的、多维度的学习平台。在这里，每一件展品都承载着深厚的历史文化内涵，每一个场景都激发着学习者的好奇心和探究欲。通过博物馆学习，学习者可以追寻知识的本质，感受历史的温度，体验文化的魅力。这种学习不仅能够帮助他们获取新知，更能够引导其进行深层次的思考，培养学习者的高阶思维能力和创新精神。

1. 博物馆学习促进知识的整合、建构与创生

郭华将深度学习的特点与构成要素概括为联想与结构、活动与体验、本质与变式、迁移与应用四个方面[①]。根据布卢姆认知目标分类中认知领域的划分维度，深度学习是从简单到复杂的连续认知过程，学习者的学习发展能力也形成层层递进的关系，通过知识理解—批判—联系—建构—迁移—应用这一程序，最终独立应用知识解决现实生活中的问题。[②]博物馆学习正是通过提供丰富多样的实物、图像和情境，帮助学习者将新知识与已有经验相结合，通过整合、建构等一系列认知过程，形成更加完整和深入的理解，进而创生自我的知识。例如，在历史博物馆中，学习者可以通过观看文物、听取讲解和参与互动展览，将历史事件与时代背景、社会文化和个人经历相联系，从而构建更加全面的历史知识体系，形成自我对相关历史史实的深刻理解。

2. 博物馆学习培养高阶思维能力

深度学习不仅关注知识的获取，还强调高阶思维能力的培养，如分析、评价、创造等。博物馆学习通过提供复杂的问题情境和多元的观点解读，激发学习者的思考和探究欲望，培养其批判性思维和创新思维。例如，在艺术博物馆中，学习者可以通过观察不同艺术流派的作品，分析艺术家的创作意图和表现手法，评价作品的审美价值和社会意义，从而培养对艺术的深度理解和鉴赏能力。

3. 博物馆学习促进情感与价值观的发展

深度学习不仅关注认知层面的发展，也强调情感与价值观的培养。博物馆学习通过提供真实的历史情境和文化氛围，使学习者通过情感体验来增强对历史文化的领悟与认同感，形成积极的价值观和社会责任感。例如，在自然博物馆中，学习者可以通过观看生物进化展览和地球演变历程，感受到自然界的神奇与伟大，从而培养对自然的敬畏和保护意识。

4. 博物馆学习鼓励学习者的主动参与与合作

深度学习强调学习者的主动性和合作性。博物馆通过设计互动性强、参与度高的展

---

① 郭华.深度学习及其意义[J].课程.教材.教法，2016，36（11）：25-32.
② 安德森.布卢姆教育目标分类学：分类学视野下的学与教及其测评：完整版[M].蒋小平，译.修订本.北京：外语教学与研究出版社，2009。

览和教育活动，鼓励学习者主动探究、合作交流，形成积极的学习态度，锻炼其社交能力。例如，在科学博物馆中，学习者可以通过参与科学实验和互动游戏，与同伴一起探索科学原理并解决实际问题，从而培养科学探究精神和团队协作能力。

博物馆学习通过促进知识的整合与建构、培养高阶思维能力、促进情感与价值观的发展以及鼓励学习者的主动参与与合作等方面，实现深度学习这一目标。未来，随着博物馆教育功能的不断拓展和教育理念的不断更新，博物馆学习将在深度学习的实践中发挥更加重要的作用。

5.1.2 深度理解与深度学习

深度学习的兴起既是信息社会发展的客观要求，也是学习科学发展到一定阶段的自然产物，还是当今教育改革指向发展学习者核心素养的必然选择[1]。在数智化时代背景下，知识的迅速增长与频繁更新已远远超出了学习者以往的学习进度，单纯以获取知识为目标的浅层次学习方式已无法满足人工智能时代社会发展的需求。因此，确定学习的知识内容以及掌握有效的学习方法，已成为学习科学研究领域中的核心议题。

深度学习是一种可以帮助学习者深度理解知识，实现意义建构的学习方式和学习观念。深度学习这一概念是美国费伦斯·马尔顿、罗杰·塞在欧两位学者于1976年在《学习的本质区别：结果和过程》中首次提出的。他们根据学习者的信息获取和加工方式将学习过程划分为深度学习和浅层学习。[2]其实早在1946年，美国学者埃德加·戴尔提出的"学习金字塔"理论就已经蕴含了"学习有深浅层次之分"之意。戴尔通过数字具体呈现出不同学习方式下学习内容的保存率，从浅层被动的视听环节到深层主动的讨论、实践和教授给他人环节，学习者的学习保存率从5%增加到90%，学习效果明显增强。[3]换句话说，深度学习这一过程包含了批判性理解知识、新旧知识的联结、迁移应用和解决实际问题多个要素。结合学者们对深度学习的研究，不难发现深度学习与理解之间存在着非常紧密的联系。

第一，深度学习侧重于理解，它要求学习者运用批判性思维进行创造性应用，有选

---

[1] 李松林，贺慧，张燕. 深度学习究竟是什么样的学习[J]. 教育科学研究，2018（10）：54-58.
[2] 张浩，吴秀娟. 深度学习的内涵及认知理论基础探析[J]. 中国电化教育，2012（10）：7-11+21.
[3] 陈维维. 审视与反思：戴尔"经验之塔"的发展演变[J]. 电化教育研究，2015，36（4）：9-14+27.

择地接纳新知识,并将这些知识融入已有的认知框架中,依据特定的思维模式来设计和实施解决问题的策略与方案。

第二,深度学习与理解的本质特性相吻合,两者都着重于信息的综合处理,鼓励学习者积极主动地构建知识体系,并强调通过分析思考来做出决策。

第三,学习存在深浅层次之分,其差异在于理解的深度。深度学习与浅层学习并非相互排斥,而是代表理解层次上的连续变化。采用深度学习策略能够推动学习者对知识的理解由浅显转向深入。

5.1.3 博物馆学习需要深度理解

在深入探索博物馆时,学习者追求的并不仅仅是视觉上的感官体验或信息的简单获取,而是对展品所承载的历史脉络、文化内涵和科学价值的深层次理解。这种理解,堪称博物馆学习的核心与精髓,是博物馆学习样态的核心要义,它如同一把解锁智慧的钥匙,能够引领学习者穿透表象,深入探究展品背后的意义、逻辑与科学原理。只有通过理解,学习者才能够与展品建立起一种超越物质的精神联系,真正实现跨时空的对话,感悟其中所蕴含的人类智慧与情感。

1. 理解是知识内化的基石

在博物馆学习中,理解被视为知识内化的基石。它不仅仅是对展品表面信息的简单掌握,更是一种深层次的认知加工过程。学习者在博物馆中通过仔细观察展品、阅读相关文献、听取专业讲解等,将展品所蕴含的历史、文化、科学等多元信息与自己已有的知识体系进行有机融合,从而实现知识的内化。

2. 理解能促进学习迁移的发生

迁移是实现自我知识创造的重要路径,在博物馆学习的学术框架内,理解被视为学习迁移的催化剂。迁移是一种跨情境的知识与技能应用过程,它需要学习者在不同的场景之间建立起有效的联系。在博物馆学习中,通过对展品的深入理解,学习者能够触类旁通地将所获得的知识应用到其他相关领域或日常生活中。这种迁移不仅提升了知识的应用价值,也体现了学习的连贯性与整合性。

3. 理解能激发深层次的探究欲望

激发学习者深层次的探究欲望,是博物馆学习所追求的目标之一。当学习者对展品或相关主题达到深度理解时,他们往往会产生进一步探索和研究的冲动。这种探究欲望不仅体现了学习的自主性与能动性,也为学习者提供了更广阔的学习空间与更丰富的学习资源。

4. 理解能丰富并深化情感体验

理解能丰富并深化学习者的情感体验,这是博物馆学习在情感维度上的重要拓展。通过对展品及其背后故事的深入理解,学习者能够与展品建立起更加深厚的情感联系,从而产生更加深刻的情感体验。这种情感体验不仅增强了学习者对博物馆的认同感和归属感,也为他们提供了更加丰富的精神滋养。

深度理解不仅是博物馆学习的核心要义,也是衡量其教育效果的重要标准。因此,在未来的发展中,博物馆更应该注重学习的体验和效果,努力提升学习者的理解能力和领悟能力。学习者需要在欣赏展品的同时,积极思考、提问,挖掘展品背后的知识内涵,通过理解和学习,学习者才能在博物馆中收获丰富的知识,提升自己的素养。

5.2 实现深度理解的认知要素

在博物馆学习中,实现理解的认知要素能帮助学习者深入理解展览内容,形成完整的知识结构,进而创造自我的知识。它不仅是博物馆学习的关键,更是推动学习者不断探索、创新和发展的重要动力。这个理解过程,实则是一系列严谨、理性的认知要素的综合运用。

5.2.1 分析

分析是对事物进行拆分和解析的过程。在面对复杂问题时,学习者需要将问题分解为若干个部分,以便更好地把握问题的本质。当学习者进入博物馆时,他们面对的是一系列复杂的展品和信息。为了深入理解,他们需要对其进行深入的剖析。例如,当参观古代文物展览时,他们需要将文物分解为制造技术、材料、历史背景等多个方面进行考虑。通过深入分析,学习者可以更好地理解文物的本质和价值。又如在艺术博物馆的古代中国画展览中，学习者不仅可以通过每一幅画的构图、用色、笔触来欣赏精美的画作，还可以深入了解画作中人物的表情、服饰，以及山水画的构图特点和意境。通过分析，学习者可以更深入地理解古代中国画的艺术特点和精神内涵。

5.2.2 联想

联想是指在分析的基础上，通过新知识联想到已有的知识。它可以帮助学习者发现事物之间的相似性和差异性，从而丰富其认知体系。通过联想，可以将新旧知识相互联系起来，从而更好地理解事物。当学习者看到一件汉代的玉器时，他们可能会联想到汉代的文化、艺术以及历史背景等方面的知识；当学习者看到一幅描绘唐代市场的画作时，他们可能会联想到盛唐时期繁荣的经济、文化交流和人民的生活状况。这种联想可以帮助他们将单一的展品与更广泛的历史背景和文化氛围相联系，从而获得更全面的理解。

5.2.3 关联

关联是在理解过程中，将多个知识点或概念相互连接，形成一个完整的知识体系，进而促进迁移理论的运用。关联过程有助于发现事物之间的内在规律，为解决问题提供新的思路。在博物馆学习中，学习者可以看到不同时期、不同地域的文物和艺术品，将这些知识点相互关联，形成对历史和文化的全面理解。例如，通过比较不同时期的陶器，他们可以观察到技术进步、文化交流和时代变迁的痕迹。

5.2.4 整合

整合是将分析、联想和关联得到的信息进行统一和融合，形成一个完整的知识体系的过程。整合有助于学习者在面对复杂问题时，能够全面、系统地把握问题。在博物馆学习中，学习者可以通过导览、解说、互动展示等多种方式，将分散的信息整合为一个连贯的故事或概念体系。例如：参观自然历史博物馆的过程中，学习者可以了解地球上不同物种的演化历程；通过观察化石、动植物标本和互动展示，他们可以将这些信息整合在一起，形成一个关于生命演化的完整故事。

5.2.5 归纳

归纳是从一系列具体实例中提炼出一般性规律。归纳有助于学习者在面对新问题时，运用已有的经验进行判断和决策。学习者在博物馆中可以通过观察、思考和讨论，归纳出历史和文化的一般性规律和特征。在科学博物馆的物理展览区，学习者可以了解到各种物理现象和原理。通过观察和思考，他们可以归纳出一些普遍的物理规律。

5.2.6 迁移

迁移是将已有的知识和经验应用到新的情境中。迁移有助于学习者在面对多样化的问题时灵活运用已有的知识和技能。在科技博物馆中，学习者可以通过操作模型和展示品，学习到科学原理及其在日常生活中的应用方法。例如，通过体验模拟的发电站模型，学习者可以了解发电原理，并将其应用到家庭用电和节能减排等方面。

5.2.7 判断

判断是在理解过程中，对所学知识的正确性和适用性进行评估。判断有助于学习者在面对不确定性问题时做出明智的选择。学习者在博物馆中需要具备批判性思维，对所展示的信息进行判断和筛选，避免被错误的信息误导。例如，在博物馆的临时展览中，学习者需要运用批判性思维来判断展品的价值。他们可以与其他学习者交流、查阅相关资料或听取专家的意见，以获得更全面和准确的信息。

5.2.8 猜想、推测与创造

猜想是指在缺乏充分证据的情况下，基于已有信息做出推测。推测则是在猜想的基础上，对事物发展做出预测。而创造是在猜想和推测的基础上，运用创新思维和实践能力，将理论转化为实际作品或解决方案。在博物馆学习中，学习者可以通过观察、思考和实践，进行猜想、推测，并最终进行创造。这一过程不仅能够激发他们的探索精神和创新思维，更能培养他们的实践能力和解决问题的能力。例如：在考古博物馆中，学习者可以通过观察和思考未被完全解读的文物或遗址，对其起源、用途和背后的故事进行猜想和推测；更进一步，他们可以利用自己的知识和技能，尝试创造出仿古文物、复原模型或是与文物相关的文创产品，将自己的猜想和推测付诸实践。

这些严谨、理性的认知要素——猜想、推测与创造，在理解过程中起着至关重要的作用。它们相互交织、共同作用，在博物馆学习中帮助学习者形成对事物的深刻认识和理解。尤其是创造，它鼓励学习者将理论与实践相结合，通过动手实践来验证和发展自己的猜想和推测。通过这样的学习方式，学习者不仅能够提升自己的认知水平和思维能力，更能培养出勇于探索、敢于创新的精神和实践能力，为未来的发展和创新奠定坚实的基础。

5.3 实现深度理解的两个内核

学习者对学习内容的理解围绕着核心概念展开，通过知识关联进一步促进核心概念的建构，不断丰富对学习对象的认识并加深认识程度。核心概念与知识关联具有相互建构、互为启发的关系，共同构成博物馆学习样态中实现深度理解这一核心要义的两个内核。

5.3.1 核心概念

1. 概念与核心概念

在概念的定义上，认知心理学家奥苏伯尔认为，概念是"符号所代表的具有共同标准属性的对象、事件、情境或性质"[①]。在概念的类型上，以加涅提出的"具体概念"和"定义性概念"最具有代表性。[②] 其中，具体概念是指可以观察的概念，如金鱼（动物）、玫瑰花（植物）、蓝藻（微生物）等。定义性概念是指对事物进行归类的规则。这类概念无法通过肉眼观察到，因此只能以定义习得，如转录和翻译、遗传与变异、基因频率等生物学概念。核心概念居于学科知识的中心，是具有超越课堂之外的持久价值和迁移价值的概念性知识、原理、规律或方法。对于核心概念，也有学者称其为概念聚合器，认为核心概念聚合着学科的一般概念，且这种聚合不是简单的叠加，而是一种规律性的、具有迁移应用价值的认识。

---

① 邵瑞珍. 教育心理学[M]. 上海：上海教育出版社，1997.
② 吴庆麟. 教育心理学[M]. 北京：人民教育出版社，1999.

《K-12科学教育框架：实践、跨学科概念和核心概念》中提出学科核心概念的筛选标准为：（1）在多个学科或工程学科中意义显著，或是组织某个学科的关键概念；（2）为理解或研究某些复杂想法和解决问题提供了关键工具；（3）能与学习者的兴趣和生活经历相关联，或能与社会及个人关注焦点所需要的科学技术知识相关联；（4）可在多个年级段教学，随着年级段递增，可逐步复杂化，逐渐深入。

除了学科核心概念，《K-12科学教育框架：实践、跨学科概念和核心概念》中提出的跨学科概念也应该属于核心概念范畴。跨学科概念能够帮助学习者将不同科学领域中相互关联的知识组织成连贯的、条理清晰的、基于科学的、对客观世界的认知。这些概念是横跨学科领域的概念，可以说，对于每个学科领域来说都很重要。跨学科概念包括模式，原因与结果，尺度、比例和数量，系统和系统模型，能量与物质，结构与功能，稳定性与变化。

2. 核心概念与深度理解的关系

在博物馆学习的过程中，学习者不仅要获得知识，还要提升能力。面对博物馆中庞杂的知识，学习者不应只是停留在记忆的层面，更应该去厘清知识的本质。此时，就需要博物馆学习组织者从对核心概念的教学出发，引导学习者通过分析、联想等实现深度理解，厘清知识之间的逻辑来形成知识体系，提升创造自我知识的能力。核心概念与深度理解之间的关系，呈现出一种多层次、多维度的互动性和互补性。

首先，核心概念作为学科知识体系中的基石，具有高度的概括性和抽象性。它们不仅是学习内容内在逻辑和结构的体现，还是学习者进行深度理解的出发点和落脚点。只有深入把握核心概念的本质内涵和外延边界，学习者才能够进一步拓展理解的广度和深度。

其次，深度理解是对核心概念的领悟与运用。它不仅要求学习者掌握概念本身的字面含义，还要求学习者能够透过现象看本质，挖掘概念背后的深层含义和内在逻辑。通过深度理解，学习者可以将核心概念与其他相关知识点有机融合，构建出更加完整、系统的知识网络。同时，这种理解要求学习者能够将理论知识与实际应用相结合，实现知识的迁移和创造。

最后，核心概念与深度理解之间具有双向的促进作用。核心概念为深度理解提供了必要的认知框架，深度理解则反过来对核心概念进行不断的修正、丰富和完善。这种相互促进的关系，使得学习者在掌握核心概念的基础上，能够不断拓宽理解的视野和深度，形成对认识对象全面、深入的认识。

3. 核心概念在博物馆学习活动中的建构机制

核心概念的教学需要贯穿博物馆学习的始终，它借助多种教学方式和活动来帮助学习者加深对它的理解。在概念教学方式上，保罗·奥苏贝尔（David Pawl Ausubel）认为，"具体概念"的教学可通过"上位学习同化模式"，即通过呈现肯定例证、分析特征、提炼特征、总结概括的顺序开展教学。定义性概念的教学，则运用概念形成和概念同化两种方式。[1]穆阿迈尔·亚力克通过实验研究，证明在5E教学模式[2]下运用各异的概念转变方式，能够帮助学习者加深对概念的理解，巩固对概念的掌握。[3]这一发现为博物馆学习活动中的核心概念教学提供了新的思路和方法。诺瓦克等人创设性地开发了概念图这一重要的教学策略，包括节点、层次、连接、连接词四个基本要素[4]，直观地展示了概念之间的关系和层次结构，有助于学习者形成清晰的概念框架。托尼·布赞开创了思维导图教学策略。思维导图具有图文并茂的表现形式，以及节点式与发散式相融合的结构特征[5]，为学习者提供了更加灵活和直观的学习工具。

5.3.2 知识关联

1. 知识关联

知识关联是指在学习过程中，在不同知识点、概念、理论或学科领域之间建立起联系，形成一个相互关联、互相支撑的知识结构。布鲁纳的认知结构理论强调了知识关联在学习中的重要性。他认为，学习就是类别及其编码系统的形成和不断改组，即形成新

---

[1] 胡继飞，郑晓蕙. 生物学教育心理学[M]. 广州：广东高等教育出版社，2002.
[2] 5E教学模式是基于建构主义教学理论的教学模式，5个E分别代表了参与（engage）、探究（explore）、解释（explain）、迁移（elaborate）、评估（evaluate）。
[3] MUAMMER ALIK. Combining different conceptual change methods within 5E model: A sample teaching design of 'cell' concept and its organelles[J]. Asia-pacific forum on science learning and teaching, 2008, 9（12）: 1-15.
[4] 莫永华. 分层可视化方法原理与实践[M]. 长沙：中南大学出版社，2011.
[5] 赵国庆. 概念图、思维导图教学应用若干重要问题的探讨[J]. 电化教育研究，2012, 33（5）: 78-84.

的认知结构。学习者应该将新知识与已有知识关联起来,以构建更加完善的认知结构[1]。

(1)建构知识结构是形成知识关联的基础。在学习过程中,学习者需要将所学知识点进行分类、归纳和整理,建立起一个层次清晰、逻辑严密的知识体系。这个知识体系应该包括基本概念、原理、方法以及它们之间的相互关系。通过建构知识结构,学习者可以将零散的知识点串联起来,形成一个有机的整体,从而更好地理解和掌握知识。

(2)打破学科壁垒是形成知识关联的重要手段。在现代教育中,学科之间往往存在着严格的界限和壁垒,这使得学习者在学习过程中难以将不同学科领域的知识联系起来。为了打破这种壁垒,学习者需要尝试将所学知识与其他学科领域的知识进行融合。

(3)形成广泛联系是知识关联的最终目标。在学习过程中,学习者应该尝试将所学知识与现实生活、社会实践以及其他领域的知识建立起广泛的联系。这种联系不仅可以帮助学习者更好地理解和应用所学知识,还可以激发他们的学习兴趣和动力。

2. 知识关联与深度理解

知识关联与深度理解之间存在密切的关系,两者相互促进,共同作用于学习者的认知过程。通过构建知识关联来促进深度理解,学习者可以更有效地掌握和应用知识,提升自己的认知水平和综合能力。

(1)知识关联促进深度理解。

通过知识关联,学习者可以将不同领域、不同层次的知识点紧密连接起来,构建出一个完整、有机的知识体系,这不仅有助于深度理解和记忆知识,更能揭示知识点之间的内在联系和规律,帮助学习者更深入地把握知识的本质和原理。同时,这种关联还能有效拓展学习者的思维广度,使他们能够多角度、多层面去深入思考问题,从而全面加深对各类问题的理解。

(2)深度理解强化知识关联。

深度理解使学习者的认知层次得到深化,让他们能够洞察知识的深层结构和内在逻辑,这不仅有助于学习者更好地建立知识之间的关联,而且可以提高他们建立这些关联的质量。通过对知识的深度理解,学习者能够准确判断并连接相关知识点。同时,这种基于深度理解的关联很稳定,能使学习者对知识记忆得更加牢固,不易遗忘或混淆。

---

[1] 布鲁纳.教育过程[M].邵瑞珍,译.北京:人民教育出版社,2023.

（3）知识关联与深度理解共同推动认知发展。

知识关联与深度理解相互促进，能显著提升学习者的学习效果。通过建立知识间的有效关联，学习者能更高效地理解和记忆知识，而通过深度理解，又能更全面、准确地掌握所学内容。这种综合学习方式不仅有助于培养高阶思维能力，如分析、综合、评价、创新等，为个体的未来发展铺就坚实基础，而且当学习者能够将不同领域的知识融会贯通并洞察其内在联系时，他们便能够将所学知识灵活迁移到其他领域或实际情境中，实现知识的广泛应用与价值的最大化。

3. 知识关联在博物馆学习中的形成机制

知识关联在博物馆学习中的形成是一个综合性过程，它不仅仅帮助学习者将博物馆中的信息与自身已有知识进行深度融合与思辨性对话，更重要的是，通过建立不同展品之间的联系，学习者能够洞察展品间的相互关系与影响，从而更全面地理解历史文化的脉络和科学技术的发展。这种跨展品的关联学习，为学习者开启了一段既深刻又系统的认知升级之旅，不仅深化了对单一展品的理解，还构建了一个宏观且多维度的知识网络。

（1）观察与联想。

学习者在参观博物馆时，应首先仔细观察每个展品的细节，包括展品的形状、颜色、材质等物理特征，同时深入探索其背后的历史、文化或科学背景。在此基础之上，博物馆学习的一个核心要素是建立不同展品及其所承载的历史、文化之间的紧密联系。通过观察与联想，学习者能够将新观察到的展品信息与已有的知识体系相融合，如相关的历史事件、文化传统或科学原理等。这种联系不仅有助于学习者深入理解单个展品的内涵，还能够揭示出不同展品之间的关联性，从而构建一个更加丰富和立体的知识体系。

（2）跨学科思考。

博物馆中的展品往往涉及多个学科领域，如历史、艺术、科学等。学习者在参观时，应有意识地进行跨学科思考，尝试从不同学科的角度去理解和解释展品。例如，面对一件古代艺术品，学习者可以思考其艺术风格与当时社会历史背景的关系，或者探索其制作过程中可能使用的科学技术。通过跨学科思考，学习者可以打破学科壁垒，将不同领域的知识相融合，形成更广泛的知识关联。

(3) 情境化学习。

博物馆提供了一个真实、具体的情境，使学习者能够在特定的历史、文化或科学背景下学习。学习者应充分利用这一优势，将展品放置在其所处的情境中进行理解。例如，通过了解展品的历史背景、用途或制作过程等信息，学习者可以更好地理解展品的价值和意义。同时，情境化学习也有助于学习者将博物馆中的知识与现实生活相联系，形成具有实际意义的知识关联。

(4) 互动式学习。

博物馆通常提供多种互动式学习机会，如解说、演示、实践体验等。学习者应积极参与这些互动活动，与展品进行"对话"。通过互动，学习者可以更深入地了解展品的细节和背后的故事，同时也可以将自己的疑问和思考反馈给博物馆工作人员或其他学习者。这种互动式学习有助于学习者在交流和讨论中建立知识关联，并加深对展品的理解。

(5) 反思与整合。

在博物馆学习结束后，学习者应进行反思和整合，回顾自己在博物馆中的所见所闻所学，并思考这些新信息与已有知识之间的联系。通过反思和整合，学习者可以巩固在博物馆中建立的知识关联，并将其纳入自己的知识体系中。同时，反思和整合也有助于学习者发现自己在知识理解上可能存在的不足或误区，并为后续的学习提供方向和指导。

5.4 促进深度理解的两条路径

构建博物馆学习样态，即围绕深度理解这一核心要义，抓住核心概念与知识关联两个内核，借助驱动问题与系列任务促使学习者建立知识关联，建构核心概念，形成深度理解。在博物馆学习中，教师应充分利用驱动问题与系列任务两条路径，通过学习活动设计驱动学习者走向深度理解。

5.4.1 驱动问题

1. 基本问题与驱动问题

美国学者威金斯和麦格泰格在他们所著的《追求理解的教学设计》中写道，基本问题（essential question）是指"不仅能够促进对某一特定主题单元的内容理解，也能激发知识间的联系和迁移"①的问题。我国学者将基本问题界定为"单元主题、内容和教学的上位引导性问题，与围绕'大概念'的思维组织能力相关联，能有效引发学习者的深层思考"②。

由此可见，不管是哪一种界定，基本问题都与概念性理解相关，反映学科实质，指向对单元主题、内容和教学的上位引导，激发知识间的联系与迁移，促进学习者的深度思考和高阶思维等，并具有启发性和开放性。为此，威金斯和麦格泰格将基本问题的内涵归纳为："在学习者一生中会重复出现的重要问题""某一学科的核心思想和探究""学习核心内容所需的东西"③。

在UbD理论④中，基本问题的主要目的是构建学习单元并让学习者参与意义构建，从而建立更深层次的理解。在高质量的PBL⑤中，类似的问题被称为驱动问题，旨在通过激发兴趣和可实现挑战的感觉来促进学习者投入项目学习。

虽然驱动问题与基本问题的主要目的不同，但那些旨在"探索抽象问题"的问题符合基本问题的相同标准。因此，所有基本问题都可以作为驱动问题，但并非所有驱动问题都符合基本问题的要求。

2. 驱动问题与深度理解的关系

在博物馆学习的过程中，驱动问题与深度理解之间存在着一种密切且动态的互动关系，这种关系推动着学习的不断深化。驱动问题具有迅速激活学习者知识储备和经验积

---

① 格兰特·威金斯，杰伊·麦格泰格. 追求理解的教学设计[M]. 闫寒冰，宋雪莲，赖平，译. 第二版. 上海：华东师范大学出版社，2005.
② 中华人民共和国教育部. 普通高中美术课程标准：2017年版2020年修订[M]. 2版. 北京：人民教育出版社，2020.
③ 格兰特·威金斯，杰伊·麦格泰格. 追求理解的教学设计[M]. 闫寒冰，宋雪莲，赖平，译. 第二版. 上海：华东师范大学出版社，2005.
④ UbD理论，也称为理解为先教学设计模式（understanding by design，UbD），是由美国教育心理学家格兰特·威金斯和杰伊·麦克蒂格提出的一种教学设计理论。该理论强调以教学目标为核心，以明确的理解为导向进行课程设计和教学活动。它倡导逆向设计，即从预期的教学目标出发，先预设评估标准，再设计学习活动，以确保学习者真正理解他们所要学习的知识，并能够将所学的知识迁移到新的环境和挑战中。
⑤ 问题驱动教学法，即基于问题的教学方法（problem-based learning，PBL）。这种方法不像传统教学法那样先学习理论知识再解决问题。问题驱动教学法是一种以学生为主体、以专业领域内的各种问题为学习起点，以问题为核心规划学习内容，让学生围绕问题寻求解决方案的一种学习方法。教师在此过程中的角色是问题的提出者、课程的设计者以及结果的评估者。

累的能力，它能够引导学习者超越展品的表面现象，深入探索其背后的文化价值和历史意义，从而实现思维的深化与拓展。在这一过程中，学习者不仅整合新旧知识，构建起个人的知识体系，还为新知识赋予了独特的个人意义，使得学习变得更加深入且有趣。

进一步地，驱动问题要求学习者运用高阶思维技能来解决复杂问题，这种挑战促进了学习者思维能力的提升，为其未来的学习和生活奠定了坚实的基础。同时，它鼓励学习者将所学知识迁移到日常生活和其他领域，增强了学习的实用性和趣味性，也提高了学习者的实践能力和创新精神。在情感层面，驱动问题通过其挑战性和趣味性，激发了学习者的学习兴趣和动机，增强了学习体验，促进了深度理解，并有助于形成长期记忆。

此外，驱动问题还促使学习者对自己的学习过程进行反思和评价，帮助他们发现不足并及时调整学习策略。这一过程不仅促进了知识的创造和更新，也推动了学习者在认知、情感和技能上的全面发展。

3. 驱动问题在博物馆学习中的生成机制

在博物馆教育活动中，如何生成驱动问题对于提升学习者参与度和学习效果至关重要。这些问题旨在激发学习者兴趣，引导他们进行深层次的思考和探究。驱动问题应该与核心概念紧密相连，能够引导学习者深入挖掘学科知识的本质。一个好的驱动问题能够引起学习者的认知冲突，促使他们主动寻找答案。通过解决驱动问题，学习者能够更好地理解核心概念，并形成自己的见解和解决方案。

（1）进行学习者背景分析。

学习者背景分析是设计驱动问题的关键。需考虑年龄、认知水平、兴趣、先前知识等，以设计贴近学习者的问题，激发其兴趣与探究欲。

（2）基于核心概念进行多向度探索。

驱动问题应围绕核心概念展开多向度探索。如古代文明展，可从历史、地理、社会文化、科技经济等角度细化问题，促进学习者全面理解。

（3）搭建通向多维度探索的操作性框架。

为引导多维度探索，需构建结构化操作框架。如生物多样性展通过系统观察、互动体验、跨学科研究、创意表达等步骤，促进学习者全面理解生物多样性。

（4）搭建培养学习者高阶思维能力和核心素养的框架。

博物馆环境为学生提供了丰富的实物场景和互动机会，是发展高阶思维能力和核心素养的理想场所。如环保与可持续发展展通过驱动问题、观察思考、小组讨论、深入研究、反思总结等步骤，培养学习者的批判性思维、创新能力等。

4. 促进理解的问题设计

（1）记忆性问题。

①记忆性问题的定义。

记忆性问题是一种特定类型的问题，是主要依赖于个体的记忆能力来回答的问题。它要求学习者在给定的信息或展品中寻找并确定一个唯一的、正确的答案。这类问题通常基于事实性知识，涉及物品的名称、年代等具体细节，旨在激发学习者的主动性、精确思维和判断能力。通过寻找并确认正确答案的过程，学习者可以加深对相关知识的理解和记忆，同时也能够检验自己对知识的掌握程度。因此，记忆性问题在教育、展览和测试等场合中被广泛应用，成为促进有效学习和知识传递的重要手段。

②记忆性问题的特点。

在实践中，了解和利用记忆性问题的特点，可以帮助教师更有效地设计评价活动，评估学习者的知识掌握情况；同时，也可以帮助学习者更有针对性地进行回顾和准备，提高记忆效率和学习效果。

a. 具体性，即问题描述具体。记忆性问题往往围绕具体的事实、事件、概念或数据等展开，问题本身不会涉及过于抽象或模糊的内容，而是直接指向某个具体的知识点；与问题的具体性相对应，记忆性问题的答案也是具体的，它通常是一个明确的词、短语、数字或简短的句子，能够直接回应问题中的具体要求。

b. 明确性。第一，问题表述清晰。记忆性问题在表述上非常清晰，不含糊其词，这使得回答者能够准确地理解问题的要求，知道应该回忆哪一部分知识来作答。第二，答案唯一且明确，记忆性问题的答案具有唯一性，这意味着针对同一个问题，只有一个正确答案，同时，这个答案也是明确的，不会存在多种解释或理解方式。

c. 客观性。第一，基于客观事实。记忆性问题通常基于客观存在的事实或知识点，这些事实或知识点是公认的、不依赖于个人主观感受或观点的。第二，答案可验证，由于记忆性问题的答案具有客观性，因此它们是可以被验证的，通过查阅相关资料或参考相关书籍，人们可以确认答案的正确性。

d. 记忆依赖性。第一，依赖个体记忆。记忆性问题主要依赖于个体的记忆来回答，这意味着回答者需要凭借自己的记忆来检索和提供答案，而不是通过推理、分析或猜测。第二，记忆强度影响回答。个体的记忆强度会直接影响其回答记忆性问题的能力，记忆力好的人可能更容易回忆起相关的事实性知识，从而更准确地回答问题，而记忆力较差的人则可能在回答时遇到困难。

③如何在博物馆学习中设计记忆性问题？

首先，要明确学习者在博物馆中应掌握的核心知识点，这些知识点须与展览的主题和内容紧密相连。随后，选择适合的问题类型来考验学习者对事实性知识的记忆，如填空题、选择题和匹配题等。

在编写问题时，需确保问题表述清晰、具体，且答案具有唯一性，这样有助于学习者准确回忆所学内容。同时，问题的难度应根据学习者的年龄、知识水平和学习目标来合理设定，以满足不同学习者的需求。

为了让学习者在回答问题后能及时获得反馈，应提供相应的答案和解析。这可以通过博物馆内的交互式展示、信息牌、手机应用或工作人员的帮助来实现。及时的反馈不仅能帮助学习者确认自己的答案是否正确，还能加深他们对知识点的理解。

此外，要鼓励学习者多次参观展览，并重复回答记忆性问题。记忆需要反复练习，通过多次的回顾和测试，学习者能够更牢固地记住展览中的关键信息，并加深对知识的理解。

通过这样的设计，记忆性问题能够成为博物馆学习中一个有效且有趣的组成部分，帮助学习者更好地记住并理解展览中的关键信息。

（2）聚敛性问题。

①聚敛性问题的定义。

聚敛性问题，从字面上理解，是指要求回答者将思维聚焦、收敛于某一点或某一方面的问题。这类问题并不是为了激发广泛的讨论或引出多种可能的答案，而是希望引导回答者利用已有的知识或通过细致的观察，给出一个具体、准确且恰当的回应。

聚敛性问题在博物馆和展览中扮演着重要的角色，它们不仅能够提升学习者的参与度和理解深度，还能帮助博物馆更好地了解学习者的需求和兴趣，从而提供更加优质的教育服务。

②聚敛性问题的特点。

a.明确的指向性，即聚敛性问题不是泛泛而谈，而是针对某一具体知识点或信息点提出。这种指向性确保了问题的针对性和深度，要求回答者聚焦于特定内容，避免无关或泛泛的回答。

b.知识与观察的结合，即回答聚敛性问题不仅需要调用已有的知识储备，还需要通过观察获取新的信息。这种结合确保了回答者能够全面、深入地理解问题，并提供有根据的答案。

c.答案的具体性和恰当性，即聚敛性问题的答案应当具体明确，直接回应问题的要点。同时，答案需要与问题的背景和上下文相契合，以确保其恰当性和相关性。

d.解释和比较的维度，即聚敛性问题常常要求回答者对所知或所观察的现象进行解释或比较。这种要求提升了问题的认知层次，促使回答者进行深入的思考和分析。

③如何在博物馆学习中设计聚敛性问题？

在博物馆学习中，设计聚敛性问题是一种促进学习者深度参与和批判性思考的有效策略。

在博物馆学习中设计聚敛性问题，首先要明确学习目标，确保这些问题与展览的教育使命及学习者的需求紧密相连，具有显著的教育价值。其次，要确定一个核心主题或关键元素作为问题的焦点，它可以是展览中的特色文物、重要事件、代表性人物或紧密相关的具体问题，以引导学习者深入探索。

编写问题时，需保证问题具有明确的指向性，答案能直接与展览信息相关联，同时问题要足够开放，以激发学习者的批判性思考和信息整合能力。问题的难度要根据学习者的背景、年龄和学习能力来调整，既可以激发挑战欲又不至于过难。

为了帮助学习者找到答案，展览中应提供明显的线索和答案提示，这些可以是多种形式的，如文字、图片、音频或视频。通过鼓励学习者讨论和反思，可以加深学习者对展览内容的理解,并培养批判性思维能力。这样的设计能使聚敛性问题在博物馆学习中发挥最大效用。

聚敛性问题不仅有助于提升学习者的知识水平和理解能力,还能培养他们的分析、评价和创新能力,进一步丰富博物馆的教育功能和社会价值。因此,教师应认真考虑、设计和实施聚敛性问题,以优化学习体验,促进深度理解。

(3)扩散性问题。

①扩散性问题的定义。

扩散性问题,顾名思义,是指一类不局限于单一正确答案,鼓励学习者进行想象、假设、预测和推理的问题。这类问题通常没有固定的答案,旨在激发学习者的创造性思维和探索未知领域的能力。通过提出扩散性问题,学习者可以引导自己或他人从多个角度审视问题,考虑各种可能性,进而提出新颖的见解和解决方案。从根本上说,这是一种能够激发创造性思维和鼓励探索多种可能性的问题类型。

②扩散性问题的特点。

a.无固定答案。扩散性问题的显著特征之一是它没有固定的正确答案。这与传统的问题(通常有一个或多个标准答案)形成鲜明对比。由于答案的不确定性,思考者被鼓励去探索和创新,而不是仅仅寻找一个已知的或预期的答案。

b.鼓励创造性。与鼓励学习者寻求确定答案的问题不同,扩散性问题鼓励思考者运用想象力和假设来构建可能的情景和结果。这种想象和假设的过程有助于学习者发现新的思路和见解。

c.促进深度思考。扩散性问题通过要求思考者从不同的角度和层面考虑问题,促进其深度思考。这种思考不仅增加了学习者对问题本身的理解,还可能揭示出问题背后更广泛的概念、联系或影响。

d.培养批判性思维。在回答扩散性问题的过程中,学习者通常需要评估不同的想法、假设或解决方案,并基于证据或逻辑进行推理。这个过程有助于培养学习者的批判性思维能力,即能够独立分析、评估和判断信息或观点的能力。

e.开放性。扩散性问题的表述方式通常也是开放的,这意味着问题可以以多种方式被解释和理解。这种开放性为学习者提供了更广泛的空间来表达他们的观点和想法,进一步增加了答案的多样性和创造性。

通过鼓励学习者分享自己的观点和思考过程,可以进一步加深他们对展览内容的理解,并培养他们的批判性思维能力。

③如何在博物馆学习中设计扩散性问题?

在博物馆学习中,设计扩散性问题可以有效地激发学习者的好奇心和探究欲,促进深度参与和深度理解。

在博物馆学习中设计扩散性问题的首要任务是明确学习目标,确保这些目标与博物馆展览内容紧密相关且具体可衡量。随后,需精心选择具有代表性的展品或展览区域,以支持问题的设计。设计扩散性问题时,要注重问题的开放性和深度,旨在激发学习者的深入思考和探索,同时鼓励他们运用批判性思维去创造性地解决问题。

为了辅助学习者更好地回答问题,应提供必要的支持材料,如展品标签、解释性文字、音频导览等,这些材料应提供基本信息而不限制思考。在实施过程中,要将设计好的问题和支持材料融入博物馆学习活动中,通过导览讲解、小组任务等方式引导学习者思考讨论。最后,在学习结束后提供反思和总结的机会,让学习者回顾所学内容,思考经历如何改变他们的观点或理解,并鼓励将所学应用于生活实践。这样的设计有助于学习者在博物馆学习中获得更丰富和深入的学习体验。

(4)评判性问题。

①评判性问题的定义。

评判性问题,作为一种特殊的问题类型,在学术和教育领域中占有举足轻重的地位。它不仅仅是一个简单的是非题或选择题,而是要求学习者在深入分析和思考的基础上,根据一定的标准或准则,对所提供的信息、观点、理论或实践进行全面而细致的评价。

②评判性问题的特点。

a.主观性。评判性问题往往涉及个人观点、价值观或信仰,因此答案具有一定的主观性。不同的人可能会基于不同的立场和背景,给出不同的评价。

b.批判性。这类问题要求学习者对所给信息进行批判性分析,而不是简单地接受或拒绝。学习者需要评估信息的可靠性、有效性和相关性,并在此基础上形成自己的判断。

c. 论据支持。在回答评判性问题时，学习者通常需要提供支持自己观点的论据或证据。这些论据可以来自个人的经验、学术研究、统计数据或其他可靠的来源。

d. 形成自我评判标准。形成自我评判标准的关键在于不断学习和实践，以建立明确、合理的准则，这些准则要结合个人的价值观、知识体系、专业知识，并参考学术研究和社会伦理。

e. 开放性。评判性问题往往没有固定的答案，它鼓励学习者进行开放性的思考和讨论。这种开放性有助于培养学习者的创新思维和解决问题的能力。

f. 沟通性。回答评判性问题不仅需要学习者清晰地表达自己的观点，还需要学习者学会与他人有效沟通。学习者需要学会倾听他人的意见，并在综合考虑后形成更有创造力的判断。

③如何在博物馆学习中设计评判性问题？

在博物馆学习中，设计评判性问题不仅能够引导学习者更深入地理解和评估展品所蕴含的历史背景、文化内涵和艺术价值，还能够激发他们的批判性思维和培养独立思考的能力。

在博物馆学习中设计评判性问题时，首先要明确具体、可衡量的学习目标，确保这些目标与博物馆的展品和主题紧密相关。其次，根据学习目标选择能够引发学习者兴趣的展品或主题，这些展品或主题应提供足够的信息供学习者进行评判。

接下来，设计一系列具有层次递进关系的问题，从描述性问题到分析性问题，最终引导到评判性问题。这些问题应能够激发学习者的思考，并鼓励他们形成自己的见解。为了支持学习者有效回答这些问题，教育者应提供必要的背景信息、学习资源和学习方法指导。

在学习者回答评判性问题后，应鼓励他们进行讨论和反思。通过小组讨论、分享观点和理由，学习者可以进一步澄清自己的观点，听取他人的意见，并进行更深入的思考。在此过程中，教育者应提供积极的反馈和建设性的建议，鼓励学习者继续深入思考和探索。这样的设计有助于学习者在博物馆学习中获得更丰富、更深入的学习体验，并培养他们的评判性思维能力。

通过精心设计的评判性问题，学习者将自己从被动的观察者转变为积极的思考者，让自己在博物馆的每一次参观都能成为一次深刻的学术探究之旅。

5.4.2 系列任务

1. 什么是任务

任务是指学习者在解决问题过程中完成的活动或者行动。任务的本质是活动，并具有一定的目标指向。在博物馆学习中，任务通常可以分为以下两种。

第一种是核心任务。核心任务是指沿着项目主线，将驱动性问题分解成多个有学习逻辑关系或者知识链关系的学习活动。每个学习活动都具有目标性、限制性，为解决驱动性问题服务。

第二种是非核心任务，也可以理解为支持性活动。非核心任务是指为解决问题提供支持的辅助活动，通常在学习知识、技能、方法，促进合作等方面发挥支持功能。[①]

依据不同的标准，博物馆学习中的任务可以有不同的分类。根据博物馆学习的实践特点和目标可以将任务分为探究型任务、设计型任务、制作型任务、展示型任务、评鉴型任务。

（1）探究型任务。

探究型任务主要是运用已有知识和技能研究学习或现实生活中的问题，通过资源搜索、整理分析、实地观察、反复测试等方式得到解决问题的方法。探究型任务的目标指向对事物规律的探究，是一种引导学习者发现问题、分析问题、解决问题的任务类型。

（2）设计型任务。

学习者在经历探究型任务的过程并发现规律以后，基于解决问题的目标，考虑各类因素，调用所需的知识，设计该问题的解决方案，包括产品名称、设计图、功能解释等。设计型任务是指向产品方案的任务类型，是学习者将思维内容以书面形式呈现出来的重要一环。

（3）制作型任务。

制作型任务是基于产品，合理使用各类工具、材料，制作符合设计图纸和评价标准的产品模型或真实产品的任务类型。制作型任务指向产品，重点关注学习者实践操作的过程，是培养学习者使用工具、操作设备、运用材料能力的重要途径，也是将理论转化为实际应用的有效任务类型。

---

① 卢夏萍. 如何设计驱动问题[M]. 北京：教育科学出版社，2022.

(4)展示型任务。

展示型任务是指通过运用语言文字交流、汇报、表演等形式进行展示的任务类型。该类型任务旨在让学习者学习结果外显，并进一步丰富学习者的活动经历、现场体验。在博物馆学习活动中，展示型任务几乎贯穿整个活动过程。展示型任务的目标指向观点、知识、作品的呈现和阐述，是博物馆学习活动中对外输出的重要一环。

(5)评鉴型任务。

评鉴型任务是指在博物馆学习中，学习者根据评价指标、量表，对学习过程中的表现、能力和产品的质量、性能等进行评价。评鉴的方式应多样，维度应多元，鼓励评鉴主体广泛参与。评鉴型任务的目标指向学习反思，学习者通过评鉴他人展开批判性思考，也能通过具体的评鉴活动提升自我认知能力。

2.系列任务与深度理解的关系

系列任务围绕核心概念设计，有助于学习者逐步深入，从表面知识触及核心概念本质，形成系统理解。驱动问题在任务中起关键作用，能激发学习者好奇心，引导学习者主动学习，明确学习方向，并促进深度思考。此外，系列任务的实践性让学习者能将知识应用于实际、深化理解并培养实践能力。总之，系列任务通过有序的学习活动和具体任务，有效推动学习者的深度理解。

3. 系列任务具备的特点

深度理解被视为知识获取与运用的高级阶段，它要求学习者能够超越表面的信息记忆，深入知识体系的本质层面进行探究。这一过程涵盖了多维度、深层次的认知加工，以及与创新性思维紧密结合的实践活动。在实现深度理解的系列任务中，通常会展现出以下特点。

(1)深层次的知识加工。

深度理解不仅仅停留在表面信息的记忆上，而是深入知识的本质，通过对事物的观察分析，利用自身已有的知识进行意义建构。这种加工过程包括对信息的解释、推断、比较、归纳等高级思维活动。

(2) 建立丰富的联系。

在深度理解的过程中，学习者会在主题、学科、知识和生活经验之间建立丰富的联系。这些联系有助于形成结构化的知识网络，使新知识能够更容易地被接纳和吸收。

(3) 批判性思维。

深度理解强调学习者用批判性的眼光审视知识，而不仅仅是接受现成的结论。学习者通过提出问题、分析论证、评估信息的质量和相关性，从而形成自己独特的见解。

(4) 创新性应用。

深度理解鼓励学习者在新情境中应用知识解决问题，这种应用往往是创新性的。学习者能够将所学知识迁移到新的领域以解决现实问题，展现出对知识的灵活运用能力。

(5) 持续地反思与调整。

在实现深度理解的过程中，学习者需要不断地反思自己的学习进度和理解程度，并根据实际情况进行调整。这种反思和调整有助于学习者发现自身的不足，进一步完善知识结构。

4. 促进理解的任务设计

在当今这个知识爆炸的时代，深度学习已经成为学习者追求高效、有质量学习的关键路径。为了促进学习者对知识的深度理解和应用，教育工作者不断探索和实践着各种教学方法。其中，以任务为导向的深度学习方式尤为引人注目。根据深度学习的实践特点和目标，笔者将任务细致划分为探究型、设计型、制作型、展示型和评鉴型五大类。这些任务类型各具特色，相互补充，旨在引导学习者从多个角度、多个层次深入探究知识，培养他们的批判性思维、创新能力以及解决实际问题的能力。通过系统地设计和实施这些任务，博物馆有望为学习者打造一个更加丰富多彩、富有挑战性的深度学习环境，引领他们走向知识的海洋，探索未知的领域。

(1) 博物馆学习中的探究型任务。

在博物馆学习中，对探究性任务的设计至关重要，它能够有效地引导学习者运用已有的知识和技能去研究和解决现实生活中的问题。

①资源搜索与分析类。选择一个博物馆展出的历史时期或文化主题，要求学习者通过网络、图书馆等途径搜集相关资料，整理并分析该主题下相关问题的有关基本信息和

研究成果，在此基础上形成自我的理解与认识。

例如，学习者可以利用故宫博物院官方网站、中国国家图书馆等在线资源，查找与中国古代文明，如明清文化相关的书籍、论文和艺术品。他们可以将搜集到的资料进行分类整理，如将明清社会的生活习俗分为宫廷文化、士人生活、民间风俗等子类别，并在每个子类别下深入探讨具体的内容。通过这一过程，学习者可以全方位地了解明清时期的文化特色，同时提升他们搜索信息、整理资料和分析研究的能力。

②实地观察与记录类。在博物馆内选择一个展览区域（如自然历史展览区），要求学习者实地观察并记录展品的特征、标签信息以及自己的感想。随后，学习者需要基于观察结果提出一个与展览主题相关的问题，并进行初步探究。

在自然历史展览区，学习者可以观察各种动物标本、化石和地质样本。他们可以记录每个展品的名称、特征、年代等信息，并拍摄照片作为辅助材料。基于观察结果，学习者可能会提出这样的问题："为什么某些物种会灭绝？"为了回答这个问题，他们可以进一步查阅相关资料，了解物种灭绝的原因及其对生态系统的影响。

③假设验证与实验类。结合博物馆的展览内容，为学习者提供一个具有探究性的问题，如古代青铜器的制作工艺，要求学习者提出假设并设计实验方案来验证假设的正确性。

学习者可以先了解古代青铜器的制作材料和工艺流程，然后提出假设："青铜器是通过铸造工艺制作而成的。"为了验证这一假设，他们可以设计实验方案，如使用相似的材料和工具模拟古代青铜器的制作过程。通过实验，学习者可以观察青铜器的成形过程并记录实验结果，从而验证或修正自己的假设。

④成果展示与交流类。在完成探究性任务后，应要求学习者将研究成果以报告、展示板或多媒体演示等形式进行展示和交流。同时，鼓励学习者就研究过程和结果与同伴进行讨论和反思。

例如，学习者可以制作一个关于中国古代青铜器文化的多媒体演示文稿，结合中国国家博物馆、陕西历史博物馆等国内知名博物馆提供的图片、文字和视频素材，来全面展示他们的研究成果。在演示过程中，他们可以详细介绍中国古代青铜器的制作工艺、器型分类、纹饰特征以及青铜器在中国古代社会中的地位和作用等内容；同时，可以设置互动环节，回答博物馆内观众的问题，与观众进行深入交流。通过这一活动，学习者不仅能够锻炼自己的多媒体制作能力，还能提升自己的口头表达和公众交流能力。此外，通过观众的反馈，学习者还可以进一步改进和完善自己的研究成果，使其更加准确和深入。

（2）博物馆学习中的设计型任务。

①创意性设计任务类是指参与并探索一个具有教育意义的互动展览，通过主动学习和互动，深入理解展览主题，并巩固相关知识。学习者需要基于博物馆展览的主题或某个具体展品，创作一件与展览内容紧密相关的艺术作品。这件作品可以是绘画、雕塑、摄影、装置艺术等任何艺术形式。通过艺术创作，加深学习者对展览内容的理解和感受，同时培养其审美情趣和创新能力。

例如，在上海博物馆的古代青铜器展览创意性设计任务中，学习者深受启发。他们以古代青铜鼎为灵感源泉，巧妙地将这些千年文物的独特纹饰与现代家居设计理念相融合，创作出既承载历史文化底蕴又极具现代美感的家居装饰品（如台灯）。这些作品不仅展现了学习者们的创意思维和艺术才华，也促进了中华优秀传统文化的传承与创新。

②探究性设计任务类。学习者针对展览中的某个科学原理、历史事件或文化现象，设计并进行一项小型探究实验或研究项目。通过实践探究，加深学习者对某一具体知识点的理解，培养其科学探究能力和批判性思维。

例如，在中国科学技术馆的"物理世界"展览中，学习者通过亲身参与探究性设计任务，选取光的折射现象作为深入研究的对象。他们利用实验室提供的专业工具进行实践操作，观察并记录光在不同介质中传播时的折射规律。通过这一过程，学习者们不仅加深了对物理原理的理解，还培养了进行科学实验和数据分析的能力。

③解决方案设计任务类。学习者针对展览中提到的某个社会问题或挑战（如环境保护、城市规划等），设计一套切实可行的解决方案。通过解决实际问题，培养学习者的社会责任感和问题解决能力。

例如，在中国国家博物馆的古代中国展览中，学习者通过解决方案设计任务，针对古代水资源管理的历史难题，结合现代水资源管理的先进理念和技术手段，设计出了一套既借鉴古代智慧又融入现代科技元素的可持续水资源管理方案。该方案不仅体现了学习者对历史文化的尊重与传承,还展示了他们解决现实问题的创新能力和社会责任感。

(3)博物馆学习中的制作型任务。

①历史文物复制品制作类。例如,学习者沉浸于博物馆的古代文明展区,从中挑选一件自己特别感兴趣的历史文物。在专家的指导下,学习者将学习使用专业的复制技术和材料,如高精度的3D扫描、陶土塑形、青铜合金铸造等,来制作这件文物的精确复制品。这一过程旨在让学习者深入了解文物的构造、材料使用以及古代工匠的精湛技艺。

②传统手工艺体验类。例如,学习者在博物馆举办的传统手工艺工作坊的环境中,在工艺大师的指导下,系统地探索并学习经过历史沉淀的传统手工艺技法,如景泰蓝制作、苏绣艺术以及紫砂壶雕刻等。通过实践,学习者不仅能够亲手完成一件手工艺品,还能深刻理解并领略传统工艺的独特美学价值和文化意蕴。这样的传统手工体验,对于提升学习者的艺术鉴赏能力、文化素养以及实践操作能力具有显著意义,同时也为他们提供了研究和探索传统文化艺术的新视角。

③科学展品模型制作类。这是指学习者结合博物馆内的科学展品,动手制作能够展示相同科学原理的模型。他们通过观察、思考和实验,利用简单的材料如纸板、塑料瓶、橡皮筋等,制作出能够直观展示物理、化学或生物原理的模型。

④文化创意产品设计类。这是指学习者将结合博物馆的展览主题和自身创意,设计并制作一件独特的文化创意产品。可以运用所学的艺术、设计知识和技能将传统文化元素与现代设计理念相融合,创作出既具有文化内涵又符合现代审美的产品。

(4)博物馆学习中的展示型任务。

博物馆学习中的展示型任务能呈现学习者对相关内容的认识与理解。展示型任务是一个窗口,透过它,学习者能够将自己在博物馆学习中所获得的知识、所思考的问题以及所形成的观点,以直观、生动的方式展现出来。这样的设计不仅有助于提升学习者的口头表达能力、逻辑思维和批判性思维,还能促成他们对展览内容的深入理解和主动探索。因此,展示型任务的设计应兼顾学习者的情感体验、实践经历以及对知识的理解与展示,从而形成一个多维度、互动式的学习体验。

①导览解说类。这是指学习者作为博物馆的临时导览员,负责为来访者提供专业

的展览解说服务。学习者需要事先对展览内容进行深入研究,掌握展品的详细信息,并能够以清晰、有趣的方式传达给学习者。导览过程中,学习者需要回答学习者的问题,引导他们深入思考展览主题。

例如,在川菜博物馆的川菜文化展览中,学习者事先深入研究了大量的川菜历史、烹饪技艺和食材来源的书籍和资料,甚至亲自品尝了多款经典川菜,以便更全面地了解川菜文化的深厚底蕴。在导览过程中,学习者向参观者详细介绍了川菜的发展历程、独特的烹饪手法以及富有地方特色的菜品种类,带领参观者欣赏博物馆中展出的古代烹饪器具、珍贵的菜谱手稿,以及展示各种川菜调料和食材。为了让参观者更加直观地了解川菜的制作过程,学习者还利用博物馆的模拟厨房,为参观者演示了几道经典川菜的烹饪流程。此外,学习者还借助博物馆的多媒体设施,为参观者播放了川菜大师们的烹饪教学视频,以及展示川菜在不同历史时期和社会背景下的变迁。通过学习者的详尽解说和精彩演示,参观者仿佛被带入了一个川菜的奇妙世界,深刻感受到了川菜文化的独特魅力和历史底蕴。

②角色扮演与情景再现类。这是指学习者通过角色扮演的方式重现历史事件或文化场景。他们需要了解角色的背景、性格和行为特点,以及所处时代的历史背景和文化氛围。通过服装、道具和表演等手段,学习者将历史事件或文化场景生动地呈现在他人面前,增强他们的历史感和文化认同感。

例如,在历史文化展览中,学习者A和学习者B选择了扮演明朝时期的武士和宫女。他们事先研读了大量关于明朝的历史文献,学习了明朝时期的宫廷礼仪、服饰文化和军事制度。在展览现场,学习者A身着明朝武士的铠甲,手持长剑,向大家展示了明朝武士的武术技艺和战斗风采。学习者B则穿着精致的宫女服饰,向大家娓娓道来宫廷中的日常生活、礼仪规范以及她与皇室成员之间的故事。通过他们的生动演绎,大家仿佛被带入了明朝的宫廷之中,深刻感受到了那个时代的文化气息和历史韵味。

③主题演讲与研讨会类。这是指学习者就博物馆的某个展览或主题进行深入研究,并准备一场公开的演讲或研讨会。他们需要搜集相关资料,撰写演讲稿或研究论文,并练习演讲技巧。在演讲或研讨会上,学习者需要清晰地阐述自己的观点和见解,回答听众的问题,并与他们进行深入的交流和讨论。

例如，在环境保护展览中，学习者以气候变化与全球行动为主题做演讲。他们阅读了大量关于气候变化的科学论文和政策报告，并观看了相关纪录片和访谈节目。在演讲中，他们向听众介绍了气候变化的科学原理、影响及应对措施，并分享了他们对全球气候治理的看法和建议。他们还邀请了环保组织的代表和专家学者参加研讨会，与他们一起探讨气候变化的挑战和解决方案。通过演讲和研讨，不仅使活动参与者了解了气候变化的严重性，还激发了他们参与环保行动的热情和动力。

④创意工作坊类。这是指学习者设计和主持与展览内容相关的创意工作坊，学习制作与展览主题相关的手工艺品。他们需要了解手工艺品的制作技艺和文化背景，并准备相应的材料和工具。在工作坊中，学习者需要向参观者介绍手工艺品的制作过程和技巧，引导他们发挥自己的创造力和想象力，制作出独一无二的手工艺品。

例如，在民间艺术展览中，教师组织了以剪纸为主题的创意工作坊。在工作坊里，学生事先学习了剪纸的基本技法和图案设计，向参观者介绍了剪纸的历史渊源和文化内涵，并示范了基本的剪纸技法。然后，带领参观者发挥自己的想象力和创造力，剪出各种美丽的图案和形状。通过指导和帮助，学生及参观者不仅学会了剪纸的基本技法，还体验到了民间艺术的魅力和乐趣。

(5) 博物馆学习中的评鉴型任务。

评鉴活动旨在引导学习者通过观察、分析、讨论和反思等步骤，深入理解和评价博物馆中的展品。其具体步骤如下。

首先，明确评鉴目标和标准。在活动开始前，向学习者明确评鉴的目标和标准，包括对历史文物、艺术品的理解程度、观察力、分析能力、团队合作能力等方面。这样可以帮助学习者更有针对性地进行评鉴活动。

其次，为学习者提供必要的背景知识。在评鉴活动中，为学习者提供必要的历史、艺术背景知识，或者引导他们自行查阅相关资料，以便在评鉴过程中能够更深入地理解和分析展品。

再次，组织小组讨论与分享。将学习者分成小组，让他们在博物馆中自由选择展品进行评鉴。评鉴后，组织小组讨论，分享各自的观察和评鉴结果，鼓励不同观点的碰撞和交流。

最后，引导反思与总结。在活动结束后，引导学习者进行反思和总结，让他们思考自己在评鉴过程中的收获和不足，以及如何改进和提高自己的评鉴能力。

例如，在印象派画作鉴赏与创作案例中，学习者通过对印象派经典画作的细致评鉴，深刻感受了印象派艺术的独特魅力。他们不仅评价了画作中的色彩运用、光影效果等艺术特点，还从中汲取灵感，创作出了属于自己的印象派风格作品。这一过程既锻炼了学习者的艺术鉴赏力，也激发了他们的艺术创造力，获得了对印象派艺术的深刻理解和实践创作相结合的学习体验。

第6章　博物馆学习样态构建中的非认知因素

在学习的过程中，人们往往强调知识的积累与技能的掌握，容易忽视情感、态度和意志力等非认知因素。然而，正是这些非认知因素，深刻地影响着我们对世界的认知与理解。博物馆，作为一个人类历史、文化与艺术的汇聚地，为我们提供了一个独特的学习空间，也是非认知因素在学习样态构建中大放异彩的舞台。在这里，我们不仅可以观赏到珍贵的文物、领略到艺术的魅力，还可以在沉浸式的体验中，感受到历史的厚重与文化的深邃。作为博物馆学习样态构建的重要因素，非认知因素不仅悄然塑造着我们的学习体验，还在无形中引领着我们与世界进行深度对话。

6.1　学习是认知因素与非认知因素共同参与的过程

在深入探讨博物馆学习的生命价值及其多维度体现之后，我们转向一个更为基础而广泛的学习理论视角——学习是认知因素与非认知因素共同参与的过程。这一观点揭示了学习活动的复杂性和综合性，强调了智力相关的认知因素与动机、情感等非认知因素在学习过程中的相互作用和共同影响。通过理解这一双重过程，我们可以更全面地把握学习的本质，为优化学习过程、提高学习效果、彰显博物馆学习的生命价值提供理论支持和实践指导。

6.1.1　学习中的认知因素

学习中的认知因素主要是指与学习者智力相关的因素，学习中的认知因素涵盖了感知、记忆、思维、想象、注意、专注、语言、表达以及学习策略与方法等多个方面。这些因素相互作用，共同影响着学习的过程和效果。因此，在学习过程中，我们应该注重培养和提高这些认知因素，以便更好地掌握知识，提高学习能力。

6.1.2　学习中的非认知因素

非认知因素又称非智力因素,最早是由美国心理学家亚历山大提出的。它是指以认知活动为主要特征的智力因素以外的、不直接参与认知活动过程却又深刻影响认知活动的效率、效果的一切心理因素的总称。非认知因素主要包括动机、兴趣、情感、意志、性格等。从非认知因素所包含的主要要素来看,其主要是由学习者后天"习得"而非先天遗传的。[1]有些认知心理学家认为,这些非认知因素对学习者学习的影响,虽不像认知结构、认知发展准备性及智能等认知因素那样直接,但仍是影响学习者学习的重要因素,且更加关乎学习者生命价值的体现。

6.1.3　学习是认知因素与非认知因素的共同作用

传统行为主义的学习理论认为学习就是"刺激—反应"的不断强化。然而,现代学习理论的研究表明,学习不是单纯的认知活动,而是建立在学习者全部的心理结构和活动基础之上的复杂的、综合性的行为活动。学习是认知因素与非认知因素共同参与的过程,二者缺一不可。

6.1.4　学习中认知因素与非认知因素如何发生相互作用

非认知因素对认知过程的影响主要表现在对认知活动的调节与控制方面,比如动机能促进学习者集中精力、加强注意,从而促进学习。情感因素即态度倾向能对最初的学习产生积极或消极的动机影响,促进或抑制学习者对新材料的掌握。人格特征与学习成就之间也密切相关。

在相互作用方面,认知因素和非认知因素共同影响着学习的过程与体验。认知因素提供了学习的基本框架和工具,使学习者能够有效地处理和理解信息。非认知因素则通过调节学习者的心理状态和行为反应,影响学习的过程和效果。例如,当学习者面临一个具有挑战性的问题时,其认知能力会用于分析和解决问题,而动机、兴趣和情感等非认知因素则会激发其学习动力,帮助其保持专注和积极的态度。

---

[1] 李红梅.浅析非认知因素对学习活动的影响[J].辽宁行政学院学报.2010（1）：107-108.

同时，非认知因素也可以影响认知因素的发展和应用。例如，积极的情感和态度可以增强学习者的自信心和学习动力，从而提高其认知能力；而消极的情感和态度则可能阻碍认知能力的发挥，影响学习效果。因此，在构建博物馆学习样态的过程中，要全面考虑认知因素和非认知因素的相互作用，既要注重提高学习者的认知能力和技能，也要关注其情感、态度和动机等非认知因素的培养和调节，以实现学习效果的最大化。

6.2 博物馆学习样态构建中非认知因素的具体内容

在探讨博物馆学习样态的构建时，我们不能忽视非认知因素的重要影响。非认知因素，作为学习过程中的重要影响因素，与认知因素相辅相成，共同影响着学习的效果和深度，关乎学习者对生命价值的体悟。它们涵盖了情感、兴趣、动机、意志、好奇心、兴奋和灵感等多个方面，每一个都以其独特的方式作用于学习者的内心世界，激发其学习潜能，促进其全面发展。接下来，笔者将详细阐述这些非认知因素在博物馆学习中的具体内容及其作用机制，以期为优化博物馆学习环境、提升学习效果提供有益的参考。

6.2.1 情感

情感因素即态度倾向，会对学习动机产生积极或消极的影响，进而促进或抑制学习者对新材料的掌握。情感属于心理学的范畴，"情绪指的是感情反映的过程，也就是脑的活动过程。情感代表的是感情的内容，即感情的体验和感受。与情绪相比，情感更为深刻，它是在长期的社会生活环境中逐渐形成的，因而具有更强的稳定性和持久性"。[①]博物馆正在日渐成为学习者参观活动的重要场所，情感互动对于学习者参观展览的效果有一定意义。在平等、通畅、和谐的情感互动中，博物馆的各项活动能满足学习者内心深层次的渴望，使其获得深层的心理愉悦，进而培养人格的独立与发展。

6.2.2 兴趣

兴趣是指个人对研究某种事物或从事某项活动积极的心理倾向，是在社会生活实践中产生和发展起来的。在博物馆学习中，兴趣是一种至关重要的驱动力，它影响着学习

---

① 中国就业培训技术指导中心，中国心理卫生协会.心理咨询师[M].北京：民族出版社，2009.

者的参与程度、学习深度以及记忆效果。它具有选择性,不同的学习者可能对博物馆中的不同展品或活动产生兴趣。这种选择性体现了个体在博物馆学习中的偏好和倾向。它具有持久性,当学习者对某一领域或主题产生浓厚兴趣时,他们会持续投入时间和精力进行学习和探索。这种持久性有助于学习者深入理解和掌握相关知识。它还具有积极性,兴趣能够激发学习者的主动性和积极性,使他们更加愿意参与博物馆中的各种活动,与展品进行互动,从而丰富自己的学习体验。它能激发学习动力、提升学习效果、促进全面发展。

6.2.3 动机

动机是激发和维持有机体的行动并将行动导向某一目标的心理倾向或内部驱力。美国心理学家武德沃斯最早将动机应用于心理学,它被认为是决定行为的内在动力。[①]动机有以下功能:激发功能,激发个体产生某种行为;指向功能,使个体的行为指向一定目标;维持和调节功能,使个体的行为维持一定的时间,并调节行为的强度和方向。博物馆学习中的动机是指学习者参与博物馆活动、探索展品、获取知识的内在驱动力。它可能是出于好奇心、对知识的渴望、对文化的兴趣或是为了满足个人发展的需要等多种原因。动机在博物馆学习中发挥着至关重要的作用。其一是定向作用,动机使学习者明确学习目标,引导学习者将注意力集中在特定的学习任务上,使学习行为具有方向性。其二是强化作用,动机能够增强学习者的学习意愿和毅力,使他们在面对困难时能够坚持不懈,直至达到学习目标。

6.2.4 意志

《心理学大辞典》中写道:"意志是个体自觉地确定目的,并根据目的调节支配自身的行动,克服困难,实现预定目标的心理过程。"意志是人类特有的有意识、有目的、有计划地调节和支配自己行动的心理现象。博物馆学习中的意志,指的是学习者在博物馆环境中,面对各种学习挑战和困难时,所展现出的坚持、毅力和决心。这种意志推动学习者克服障碍,持续投入博物馆学习,以达到预期的学习目标。意志在博物馆学习中

---

① 林崇德,杨治长,黄希庭.心理学大辞典[M].上海:上海教育出版社,2004.

具有多重作用。首先，意志能够确保学习者在面对复杂的展品信息、繁多的学习内容时，保持专注和持久的学习状态。其次，意志有助于学习者在遇到困难或挑战时不轻易放弃、积极寻找解决问题的方法，从而深化对知识的理解和掌握。最后，意志还能够促进学习者形成良好的学习习惯，提高自我管理能力，为未来的学习生涯奠定坚实基础。20世纪初，美国心理学家特尔曼和西尔斯对1000名超常儿童进行了50年的追踪研究。他们发现，这些人的智力虽然高于常人，但其中有些人有很大成就，有些人则默默无闻。之所以如此，最主要的差异就表现在意志方面。有成就的人对所从事的工作执着、勤奋、知难而进、不屈不挠，而那些无成就者大都意志薄弱、知难而退、消极适应。[1]由以上分析可见，作为心理活动动力之一的意志，对人的认知活动、实践活动有巨大的影响。

6.2.5 好奇心

好奇心是推动人们探索未知的强大动力。在博物馆中，学习者可以接触到亿万年前的历史、不同文化的艺术以及科学的奥秘。这些新奇、有趣的事物往往能够激发他们的好奇心，使他们产生对知识的渴望，并主动去寻找答案。这种好奇心不仅有助于提升他们的学习兴趣，还能培养他们的批判性思维和解决问题的能力。

6.2.6 兴奋

兴奋是一种积极的情感状态，能够增强学习的效果和体验。当学习者在博物馆中看到令人震撼的展品、参与有趣的活动时，他们往往会感到兴奋和激动。这种兴奋状态可以激发他们的学习热情和动力，使他们更加专注于学习内容，从而更深入地理解和掌握知识。

6.2.7 灵感

灵感是一种创造性的思维过程，它往往来源于对事物的深入观察和思考。在博物馆中，学习者可以通过观察展品、参与互动体验等方式，获得丰富的感官刺激和思维启

---

[1] 李红梅.浅析非认知因素对学习活动的影响[J].辽宁行政学院学报.2010（1）：107-108.

发。这些体验可以激发他们的想象力和创造力，使他们产生新的想法和创意。同时，博物馆中的文化氛围和艺术气息也能够熏陶学习者的心灵，提升他们的审美能力和文化素养。

综上所述，情感、兴趣、动机、意志、好奇、兴奋和灵感在博物馆学习中发挥着重要作用。它们能够激发学习者的学习兴趣和动力，促进他们的深度理解和体验，提升他们的创造力和文化素养。因此，组织者在开展博物馆学习时，应充分利用这些非认知因素，为学习者创造一个愉快、有趣且富有启发性的学习环境。

6.3 在博物馆学习样态构建中如何利用非认知因素

博物馆学习作为一种泛在的、非正式的学习方式，与正式学习相比，展现出其独特的魅力。它不拘泥于固定的目标、知识结构与内容、学习场所和学业要求，甚至无须教师的直接教授。这种宽松的学习环境赋予了学习者更大的自主权，鼓励他们主动汲取知识、发现问题、探寻意义，并建构个性化的知识结构，从而经历一段独特的生命成长历程。在构建博物馆学习样态的过程中，我们不仅要关注认知因素的作用，还应充分利用非认知因素来优化学习环境，为学习者创造更加丰富、多元和个性化的学习体验，帮助学习者深刻体悟生命价值，从而提升博物馆学习的效果。

6.3.1 激发内在动机

科学研究已证明，只要具备适宜的环境，有意义的活动，消除焦虑、恐惧和其他消极情绪，学习任务的难易程度符合学习者的能力等条件，学习者本能的学习动机便可以被激发出来。为了激发和维持学习者的动机，博物馆学习组织者可以采取以下措施。

1. 规划适宜的学习任务

针对不同年龄段的学习者，博物馆学习组织者应当根据他们的最近发展区规划出难度适中的学习任务，并且在反复的运用和实践中去调整和优化任务的内容与形式。让学习者在适度紧张的学习氛围中不断挑战自我，获得成就感。

2. 设计引人入胜的展览和活动

博物馆可以通过策划富有创意和趣味性的展览，吸引学习者的注意力。例如，利用现代科技手段，如虚拟现实、增强现实等，为学习者提供沉浸式的体验，让他们能够直观地感受到展品的魅力和价值。同时，组织各种互动活动，如讲座、工作坊、竞赛等，让学习者在参与中体验乐趣，从而激发他们的学习动机。

3. 提供个性化学习体验

博物馆应该关注学习者的个体差异，根据他们的兴趣、年龄和认知水平，提供个性化的学习体验。例如，为儿童设计专门的展览和活动，让他们能够在轻松愉快的氛围中学习；为成年人提供专业的学术讲座和研究资料，满足他们对专业知识的需求。建立激励机制：博物馆可以设立奖励制度，对在博物馆学习中表现出色的学习者给予表彰和奖励。这种正向的激励能够增强学习者的自信心和学习动力，促使他们更加积极地投入博物馆学习。

4. 加强宣传教育

博物馆可以通过各种渠道，如社交媒体、学校等，宣传博物馆学习的价值和意义，让更多的人了解并参与博物馆学习。同时，博物馆还可以与教育部门合作，将博物馆学习纳入教育体系，使其成为学校教育的重要补充和延伸。

6.3.2 发掘个体兴趣

兴趣在学习活动中发挥着不可低估的作用。在博物馆学习中可以通过以下方式激发和维持学习者的兴趣。

1. 引入互动体验

例如：在科技博物馆中，可以设置虚拟现实体验区，让学习者戴上VR眼镜，亲自探索宇宙或海底世界，这种身临其境的体验能够极大地激发学习者的兴趣；通过故事化展示，将展品背后的历史故事、文化背景以生动有趣的方式呈现出来，以吸引学习者的注意力。在艺术博物馆中，可以设立绘画工作坊，让学习者临摹名画或者创作自己的艺术作品，通过亲身实践来感受艺术的魅力。

2. 设计挑战任务

为学习者设置具有挑战性的任务，让他们在完成任务的过程中保持对学习的热情。例如，在自然博物馆中，可以设计一个"寻找宝藏"的任务，让学习者根据线索找到特定的展品，并回答相关问题。这种游戏化的学习方式能够让学习者保持对博物馆学习的兴趣。

3. 持续更新展览

博物馆可以根据时下的热门话题或者节日来策划特别展览，如"恐龙展""太空探索展"等，以吸引学习者的目光。

4. 建立学习社区

博物馆可以建立一个线上或线下的学习社区，让学习者能够在社区中分享自己的学习心得、交流作品、互相鼓励。这种社区化的学习方式可以让学习者感受到归属感和成就感，从而更加愿意持续参与博物馆学习。

6.3.3 培养良好的意志品质

苏轼说："古之立大事者，不惟有超世之才，亦必有坚忍不拔之志。"这里的"坚忍不拔之志"就是指坚强的意志品质。坚强的意志品质使人们自觉克服认知过程中的各种困难，并且可以有效地发展人的注意力、观察力、记忆力、想象力和创造力。促进人的各种认知因素的发展。要激发和维持博物馆学习中的意志，可以从以下几个方面着手。

1. 设定明确的学习目标

为学习者设定具体、可衡量的学习目标，有助于激发他们的意志。这些目标可以是短期的，也可以是长期的，但要确保它们具有挑战性和可实现性。

2. 提供多样化的学习体验

博物馆可以设计丰富多彩的学习活动，如讲座、工作坊、互动展览等，以满足不同学习者的需求和兴趣。多样化的学习体验有助于保持学习者的新鲜感，激发他们的学习热情。

3. 培养学习者的自律和毅力

通过引导学习者制订学习计划、合理安排时间、定期复习等方式，培养他们的自律意识和毅力。同时，鼓励学习者在面对困难时积极寻求帮助，勇于挑战自我。

4. 建立积极的反馈机制

博物馆可以为学习者建立一个有效的反馈系统，如学习日志、展览导览评价等，让学习者能够及时了解自己的学习进度和成果。积极的反馈有助于增强学习者的自信心和动力，进一步激发他们的意志。

6.3.4 激发好奇心

博物馆可以通过设计富有创意和趣味性的展览来激发学习者的好奇心。例如，利用故事化的展示方式，将展品背后的历史、文化和科学知识以生动有趣的方式呈现出来，让学习者在探索中感受到知识的魅力。此外，博物馆可以提供互动体验，通过引入互动科技，如触摸屏、虚拟现实等，让学习者能够亲身参与展览，与展品进行互动，从而激发他们的好奇心和探索欲。

6.3.5 引发兴奋感

在博物馆学习中可以通过组织特色活动，如主题讲座、工作坊、竞赛等，让学习者在参与中感受到兴奋和激情。这些活动不仅可以增强学习的趣味性，还能让学习者在互动中收获知识和技能。还可以通过为学习者设置具有挑战性的任务，如寻找特定的展品、解答谜题等，让他们在完成任务的过程中体验到成就感和兴奋感。

6.3.6 启发灵感

灵感的迸发虽然是偶然的事件，但灵感也能通过以下方式被启发，如博物馆可以通过展示不同文化、不同时期的展品，为学习者提供多元的视角和思考空间。这种跨文化的交流和碰撞有助于激发学习者的灵感和创新思维。另外，可以通过为学习者提供创意表达的机会，如举办绘画比赛、征文活动等，让他们将自己在博物馆学习中的所思所感以艺术形式表达出来，从而进一步启发其灵感和激发其创造力。

第7章　博物馆学习中的情境

在"学习即知识创造"隐喻下，博物馆学习的样态是一种基于博物馆展陈信息展开的知识创造的状态。基于前述底层逻辑、核心要义与重要因素，要将这种状态转化为系统性的实践，还需要抓住学习情境、学习活动、学习方式、学习行为与学习评价等五个关键要素，构建具体的行动。本书将从本章起围绕博物馆学习样态构建的五个关键要素进行系统论述。

博物馆作为学习的场所，提供了独特而丰富的学习情境。具有真实性、多样性、互动性、沉浸性等特点的情境在博物馆学习样态构建中具有不可替代的作用。

7.1 情境在博物馆学习中的作用

情境学习理论重点研究人类知识发展和现实活动之间的关联，它认为人们置身于某一基本的社会情境，并在其中对自身的活动进行构想，知识不再是抽象地的具体对象和事实的学习，而成为一种特定的互动状态，是学习者与周围环境的一种互动。[①]情境学习理论强调将学习者置于真实或仿真的情境中，通过问题探究、角色扮演、互动体验等方式激发学习者的主动参与和探索，实现对知识和技能的有意义学习。博物馆是一种具有典型性的文化场域，能为学习者提供丰富的、独特的学习情境。在博物馆学习中，情境发挥着重要的作用，能提供其他学习场所无法体验到或经历到的真实学习经验，这能激发学习者的兴趣和参与度，增强学习效果和学习体验。

7.1.1 提供具有真实性的学习环境

有别于熟悉的课堂学习，博物馆作为一个展示文物和艺术品的场所，可以创造出与学习内容相关的具有真实感的学习情境。在设计展览和展览布局时，可以通过场景还

---

① 王文静.情境认知与学习理论研究述评[J].全球教育展望，2002（1）：51-55.

原、展示方式等手段，营造出特定时代、地域或主题的环境，学习者可以在具有真实感的环境中开展学习，增强学习的体验感。

7.1.2 激发学习者的学习动机和兴趣

博物馆所构造的具有真实性、沉浸性、丰富性的学习情境能够激发学习者的学习动机和兴趣。在博物馆中，学习者可以亲眼看见文物、艺术品等珍贵的展品，通过观察和欣赏，激发起对于知识的好奇心和兴趣。这种触发学习动机的情境在博物馆学习中尤为重要，因为学习者若对于博物馆展品的独特性和珍贵性产生了好奇心，则更能对学习产生积极性和主动性。

7.1.3 提供实践机会

博物馆中的情境学习还提供了具体实践的机会，进一步加强了学习效果。博物馆展品通常都是可见的、可触摸的甚至是可操作的。通过观察和实践，学习者能够直接接触到真实的文物、艺术品，进行触摸、拍摄、测量等具体操作，形成对学习对象的认识和理解，在实践中实现自我知识的创造。比如，在参观历史博物馆时，学习者可以亲身体验古代工具的使用、参与历史重演等，加深对历史事件、人物以及历史环境的认识。

7.1.4 促进学习者的交流和合作

博物馆学习中，情境还能够促进学习者之间的交流和合作。博物馆作为一个集体学习的场所，吸引了来自不同背景和专业领域的学习者。学习者在博物馆中可以与他人分享观点、讨论学习内容，通过交流和合作，了解其他学习者的观点和思考方式，生成自己的学习成果。情境中的交互作用和协作学习，能够培养学习者的团队合作意识和沟通能力，提高学习者的综合素养和自主学习能力。

7.1.5 提供丰富多样的学习机会

通过多媒体展示和互动设备等方式构建的具有虚拟特征的情境，为学习者提供了丰富多样的学习机会。博物馆展览的设计通常融合了多种媒体和技术手段，通过图像、声音、视频等形式构建虚拟情境，提供多样化的学习资源和工具，丰富了学习者的感官体验。学习者可以通过互动设备进行模拟实验、游戏式学习，更加生动地理解和掌握学习内容。这能增强学习体验，提升学习效果。

7.1.6 增加感情投入

此外，通过身临其境的体验，可以增加学习者的感情投入。在博物馆学习中，学习者可以与展览的文物、艺术品等产生情感共鸣，通过与展品的互动和沉浸式体验，产生更深层次的情感体验。情境中的情感投入，能够促进学习者持续学习，促进其情感发展和情绪表达能力的提升。

综上，情境在博物馆学习中发挥着重要的作用。博物馆构建的独特的学习情境，能够提供真实的学习体验，激发学习者的学习动机和兴趣，提供实践机会，增强交流与合作，通过多媒体和互动设备等方式丰富学习资源，加强学习者的情感投入。

7.2 博物馆学习情境的主要特点

情境是在一段时间内，从主观视角出发主体感知到处于中心位置的实体时，所感知到的围绕该实体周围的空间区域。[①]中国情境教育创始人李吉林认为，情境应该是"活动之境""有情之境"，是师生互动、有情有趣的网络式的广阔空间；情境依据教育目标对环境进行人为的优化，将教育教学内容融入一个多姿多彩的大背景中，使得儿童能动地活动于其中。[②]博物馆学习的情境模型由福尔克和迪尔金提出，他们将博物馆学习情境分为个人情境、物理情境和社会文化情境，并且认为博物馆学习应该是个人、物理、社会文化三个情境的交互作用。[③]综合以上理论和教学实践，可见博物馆学习情境具有以下特点。

7.2.1 真实性和现实感

博物馆通常展示真实的文物、艺术品、科学实验等，使学习者能够身临其境地感受

---

① BARSALOU L W. The cambridge handbook of situated cognition[M]. Cambridge：Cambridge University Press. 2009.
② 李吉林. 情境教育的诗篇[M]. 北京：高等教育出版社，2004.
③ Falk, J. H., Dierking, L. D. Learning from museums：visitor experiences and the making of meaning[M]. Walnut Creek：AltaMira Press. 2000.

和体验相关的内容。学习者可以目睹历史事件的痕迹、欣赏真实的艺术作品、参与实际的科学实践等。这种真实的学习情境能够带给学习者更具体、更直观的学习体验，加深学习者对学习内容的理解。

7.2.2 多样性和丰富性

展览的内容通常涵盖了众多学科和领域，如历史、艺术、科学、地理等。学习者可以选择自己感兴趣的展品和展览区域进行学习。博物馆还提供了多样化的展示方式，如实物展示、多媒体展示、互动体验等，为学习者提供丰富的学习资源和工具。多样化和丰富性的情境使得学习者能够有针对性地学习自己感兴趣的知识，提高学习的自主性和个性化。

7.2.3 互动性和参与性

互动体验和实践操作的空间构建也有利于学习者深度参与。学习者可以通过实际操作、实验探索、模拟体验等方式深度参与到学习中。例如，在科学博物馆的模拟实验室情境中，学习者可以进行科学实验，经历观察现象、分析数据、得出结论的学习过程。在艺术博物馆的工作坊情境中，学习者可以进行绘画创作、音乐演奏等活动。互动性和参与性使得学习者能够更深入地参与学习过程，更自然地创造自我的知识。

7.2.4 沉浸性和情感共鸣

博物馆中的灯光、布景等的精心设计能为学习者构建具有沉浸性的情境。学习者会被自然而然地带入具有沉浸性特点的情境中，并与学习的对象产生情感上的共鸣。学习者可以通过与作品产生情感上的联结，体验其中蕴含的情感和意义。沉浸性使得学习者更容易投入情感，更容易理解和感知学习内容。

7.2.5 社交性和交流性

学习的社会情境也藏在博物馆学习的过程中。博物馆通常是人们聚集的场所，学习者可以在博物馆内与他人进行交流和互动。[①]学习者通过与其他学习者、导览员、工作人员等进行讨论和交流，分享自己的观点和体验。社交性和交流性促进了学习者之间的合作和交流，增加了学习的社会化和互动性。

综上所述，博物馆的情境具有真实性和现实感、多样性和丰富性、互动性和参与性、沉浸性和情感性、社交性和交流性等主要特点。这些特点使得博物馆学习有别于学校课堂上的学习，成为一种独特的学习样态。

7.3 博物馆学习情境的类别

作为文化遗产的存储和传播机构，博物馆以其丰富的文物、艺术品和展览等资源，为学习者提供了具有沉浸性、多样性、真实性、社交性等特点的学习情境。这些情境主要包括实物情境、时空情境、实践情境、问题情境和虚拟情境等类别。

7.3.1 实物情境

博物馆内通常展示真实的文物、艺术品和实物模型等，让学习者能亲身感受甚至触摸到实物。丰富的专业藏品、展品、陈列品和设施是博物馆发挥展教功能的基本载体，它们是对具象知识或抽象知识的直观呈现。这种实物情境通过直观的形式给学习者带来了感知和观察的体验，使他们能够更加深入地了解和体验学习对象。学习者可以通过观察、触摸和分析实物，加深对知识的理解。例如，在历史博物馆中，学习者可以亲眼观察真实的历史文物，通过观察、分析甚至触摸来感受历史的真实性和文物所蕴含的历史信息。

7.3.2 时空情境

时空情境是指围绕实物展品构筑的场景，既包括当下的物理空间，也包括跨越时间的历史长河。博物馆有能力创造出具有特定时代和地域特色的情境，让学习者能够身临其境地感受不同的历史和文化。通过展示和再现特定时代或地域的文物和展品，学习者仿佛穿越到过去的时空，体验不同的文化和生活方式。在历史博物馆中，通过还原历史

---

① 鲍贤清. 博物馆场景中的学习设计研究[D]. 上海：华东师范大学，2013.

场景、建筑和生活用品等，学习者能够更加深入地了解和体验某一时代的文化和社会环境。

7.3.3 实践情境

博物馆提供了许多实践活动，如互动装置、实验室和工作坊等。在实践情境中，学习者可以通过实际操作和体验来加深对知识的理解，促发自我知识的创造。例如，在科学博物馆中，学习者可以参与科学实验，亲自感受和探索科学现象的原理。这种实践情境能够激发学习者的主动性，让学习变得更加有趣和有效。

7.3.4 问题情境

博物馆学习可以提供一系列问题和挑战，引导学习者思考和解决问题。通过调查、观察和分析展品，学习者需要思考并回答一系列与展品相关的问题。例如，在自然博物馆中，学习者可以通过观察和分析动植物标本等，回答有关物种分类、生态关系等问题。这种问题情境能够激发学习者的思考和探索精神，培养学习者的问题解决能力和独立思考能力。

7.3.5 虚拟情境

随着科技的发展，博物馆开始应用虚拟现实和增强现实技术，创造了更加沉浸式和交互式的学习体验。通过虚拟现实技术，学习者可以身临其境地欣赏艺术品、历史场景和自然景观等。虚拟情境为学习者提供了更加真实和身临其境的学习体验。

综上所述，博物馆学习的情境类别包括实物情境、时空情境、实践情境、问题情境和虚拟情境。这些不同类型的情境能够通过展品的真实性、情景再现和实践体验等方式，为学习者提供丰富、具体和互动性强的学习环境，增强学习者的学习动机和学习效果。不同的情境类别可以提供多样化的学习体验和机会，促进学习者深度参与。在设计博物馆学习情境时，需要根据博物馆类型和学习目标选择适合的情境类别，从而创造出更具吸引力和学习效果的学习环境。

7.4 创设博物馆学习情境的思路

7.4.1 与学习者现实生活发生关联

博物馆学习情境应与学习者现实生活发生关联。首先,博物馆内展品往往与学习者的日常生活息息相关。无论是历史博物馆中的历史文物、科学博物馆中的科学实验,还是艺术博物馆中的艺术品,都能让学习者在学习中获得知识和生活经验。学习者可以通过博物馆学习体验到真实场景中的历史事件、科学原理和艺术形式,使学习更加具有现实感和实用性。其次,博物馆学习情境应帮助学习者更好地理解和解读不同的文化和社会环境。博物馆展示的文物和艺术品往往具有丰富的文化内涵和历史背景,能够让学习者深入了解不同的文化传统和社会环境。通过博物馆学习,学习者能够对自己的文化身份有更深入的认识,提升自己的文化自信心和认同感。最后,博物馆的学习情境应与社会实践和社会问题相关。一些博物馆可能会展示当代社会问题和挑战,引导学习者思考社会责任和未来发展方向。例如,一个环境保护主题的博物馆可能会展示大气污染、水资源浪费等问题,通过参观和讨论,学习者能够更加深刻地认识到这些问题的严重性,激发他们对环境保护的责任感和行动意识。

7.4.2 为学校学习提供延伸

博物馆学习情境应为学校学习提供必要的延伸。博物馆展出的展品往往是学校学习内容的补充和延伸,能够为学习者提供更加丰富多样的学习资源和实践机会。例如,四川青神竹艺博物馆成为成都教科院附属学校(西区)的美育课程的延伸,基于博物馆中丰富的"竹"文化资源,该校的"竹"文化课程应运而生。博物馆学习情境还应为学习者提供与学校学习不同的学习体验和学习方式。博物馆学习往往是一种互动性和参与性的学习过程,学习者可以通过实际操作、互动体验等方式深入参与学习。这种与学校学习不同的学习方式能够激发学习者的学习兴趣和学习动力,提高学习效果。

7.4.3 与课本知识呼应

博物馆学习情境应与课本知识之间建立呼应关系。博物馆展览通常会以主题为基础进行设计，博物馆学习的情境应在展览中挖掘与课本知识相关的展品和内容。学习者在博物馆学习中将课本知识与实际展品进行对照和联系，加深对于课本知识的理解和运用。通过与展品的亲身接触，学习者能够更加直观地感受和体验所学知识的真实应用和实践意义。这种呼应式的学习方式不仅能够促进课本知识的迁移与运用，还能够启发学习者的创造力，提升学习者的综合素养。例如，历史博物馆能有效与历史课堂的学习进行衔接呼应。学校的历史课程往往着眼于教科书内容，但博物馆中的展品能够将历史真实地展现在学习者面前，使他们能够更直观地理解历史事件、人物和文化。通过参观一座历史博物馆，学习者可以目睹古代生活的场景、考古发现的文物等，将课堂所学的历史知识与真实的历史场景相联系，这样的体验能够使历史学习更加生动、深入。

7.5 创设博物馆学习情境的策略

7.5.1 实物情境创设策略

1. 深度挖掘与多维展示

（1）深度挖掘每件展品的背后故事，通过文字、图片、视频等多维度展示方式，让学习者能够全面了解展品的制作工艺、历史背景、文化意义等。

（2）利用高清摄影和3D扫描技术，展现文物的细节美，使学习者即使在远处也能感受到实物的震撼。

（3）设计互动式展示柜，结合触摸屏和语音交互技术，让学习者能够自主选择想要了解的信息点，通过点击触摸屏或语音提问获取详细解说，增强参观的自主性和互动性。

2. 情境模拟与沉浸式体验

（1）在特定展区构建情境模拟环境，如古代市集、宫廷宴会等，通过布置场景、服饰、道具等，让学习者仿佛置身于历史现场，体验古代生活氛围。可以安排演员进行角色扮演，与学习者互动，提供沉浸式的历史体验。

（2）引入VR技术，为学习者打造虚拟的文物修复或考古发掘体验。学习者可以佩戴VR头盔，进入虚拟世界，亲手操作工具，参与文物的修复或发掘过程，感受文物保护工作的艰辛与乐趣。

7.5.2 时空情境创设策略

1. 时间线叙事与地图导航

（1）构建详细的时间线叙事系统，将博物馆展览内容按照时间顺序进行排列，展示展品的历史演变过程。通过时间轴、年代表等形式，帮助学习者建立清晰的时间观念，理解展品在不同历史时期的意义和价值。

（2）制作博物馆内部的文化地图，标注重要展区、展品位置及相关历史、文化背景。学习者可以使用地图导航功能，快速找到感兴趣的展区，并了解展区之间的关联性和逻辑性。

2. 历史场景再现与多媒体展示

（1）利用全息投影、幻影成像等多媒体技术，再现历史场景，让学习者进入虚拟空间体验时空穿越，体验历史事件的发生。结合音频、视频等多媒体元素，营造出身临其境的参与体验。

（2）设计互动式时间旅行体验情境区，学习者可以通过选择不同的时间节点，进入相应的学习情境进行学习与探索。

7.5.3 实践情境创设策略

1. 创设实践情境

创设手工艺工作坊、科学实验室等实践情境，让学习者亲手制作文物复制品、参与科学实验等活动。通过动手实践，学习者能够更直观地了解文物的制作工艺和科学原理，增强学习的趣味性和实效性。

2. 设计模拟体验

设计模拟考古发掘、文物修复等体验项目，让学习者在模拟环境中亲身体验考古发掘和文物修复的过程。通过实际操作和体验，学习者能够更直观地了解文物保护工作的艰辛与重要性，提升对文物的敬畏之心和保护意识。

7.5.4 问题情境创设策略

1. 设计引导性问题

在学习单中设置一系列引导性问题或思考题，引导学生主动思考展品背后的历史、文化、科学等问题。通过问题导向的方式，激发学习者的探究欲望和思维能力，促进学习者对展览内容的深入理解和思考。

2. 鼓励学生围绕问题开展探究

鼓励学生进行探究式学习，通过查阅资料、实地考察等方式深入了解展览内容。学习者可以根据自己的兴趣和需求选择探究方向并制订学习计划，在探究过程中不断提升自主学习能力和问题解决能力。

7.5.5 虚拟情境创设策略

1. 数字博物馆与在线展览

建立全面的数字博物馆平台，将实体展览内容数字化并上传至网络平台供学习者在线浏览和学习。通过高清图片、3D模型、视频解说等多种形式展示文物和展览内容，使学习者能够随时随地享受博物馆的丰富资源。

2. 虚拟与增强现实技术

利用VR技术为学习者打造沉浸式的虚拟展览体验。学习者可以佩戴VR头盔进入虚拟世界与展品进行近距离接触并感受其原理和文化魅力；同时还可以通过虚拟导览系统自由穿梭于各个展区之间探索更多未知领域。

引入AR技术为实体展览增添趣味性和互动性元素。学习者可以通过手机或平板电脑等设备扫描展品上的二维码或图像标识触发AR效果，看到展品的3D模型或动画演示等内容，从而加深对展品的感受与理解。

第8章 不同类型博物馆的学习目标与学习活动

博物馆是文化传承与教育普及的重要场所之一，博物馆类型不同，其承载的知识特征不同，发挥的育人价值也不尽相同。学习作为一种非线性的复杂系统，无法用一种统一的模式对其过程进行框定。在博物馆学习样态构建中，必须针对不同类型的博物馆设计不同的学习目标，再针对不同的学习目标设计具有典型性、代表性、特色性的学习活动，方能发挥不同博物馆的育人功能。

8.1 自然地理类博物馆的学习目标与学习活动

自然地理类博物馆是一种以展示自然界的地理景观、地质结构、动植物种类和生态系统等为主题的博物馆，旨在通过展示和解说自然地理相关的展品，促进学习者对自然的认知与理解，并培养其环保意识和保护自然的责任感。

8.1.1 学习目标

1. 了解自然地理的基本概念与背景知识

在自然地理类博物馆中学习者了解自然地理的基本概念和内容，包括地球的构造与运动、气候与气象、地形地貌、水文地理等。通过展示地球模型、地图、岩石标本等展品，让学习者对自然地理有直观的认知。

2. 认识生物多样性的重要性

生物多样性是自然地理的重要组成部分，自然地理类博物馆通过展示动植物标本、模型、幻灯片等，让学习者了解不同物种的特点和分类，认识生物多样性对生态系统的重要性，引起学习者对生物多样性的保护和可持续发展的意识。

3. 理解自然界中物种的相互依存关系并掌握保护和可持续发展的方法

自然地理类博物馆通过展示生态系统内各个物种的相互关系和依存性，让学习者了解生物之间的相互作用，以及人类活动对自然环境的影响。同时，通过展示环境保护的案例和可持续发展的方法，从而培养学习者对自然保护的责任感。

4. 增加亲近自然、探索自然的兴趣

博物馆中有丰富多样的自然标本和资料，可以提供沉浸式的学习体验、举办丰富多样的教育活动以及提供专业知识和资源支持等方式。这些活动能够成功激发学习者的好奇心和探索欲，增加学习者对自然的亲近和探索兴趣，促进他们对自然世界的深入理解和热爱。

8.1.2 学习活动

1. 展品互动

首先，学习者可以通过观察展品、互动探索和触摸实物，加深对自然地理的了解。例如，学习者可以观察昆虫标本，了解不同种类的昆虫和它们在生态系统中的角色。其次，博物馆利用现代科技，设计多媒体展示和互动体验，如虚拟现实、增强现实、交互式投影等，让参观者通过沉浸式的体验更直观地了解自然地理。

2. 观察实践

首先，设计观察和探索活动，让参观者通过观察、实验、互动展示等方式，探索自然地理的现象、规律和原理，加深对自然地理的理解。其次，在野外考察活动中，学习者可以观察植物种类和分布，了解不同植物对环境的适应性和相互关系。

3. 环保教育讲座和工作坊

首先，博物馆可以邀请环保专家进行环保讲座，讲解自然保护的重要性和具体的环保行动，鼓励学习者实际参与环保活动。其次，博物馆可以开展环保工作坊，充分利用馆内资源设计环保内容，通过讨论、实践操作等形式，引导学习者深入了解环保知识、掌握环保技能，促进互动和交流。

以上海自然博物馆为例，其已经开发了百余种不同类型的教育活动，根据科学知识、操作方法的难易程度，可以分为六种类型，每一种类型对应一个单一类群，有观察记录型、动手实践型、实验操作型、探究推理型、角色扮演型和主题演示型等活动。[①]

[①] 娄悠猷.基于情境学习理论的博物馆教育活动开发框架——以上海自然博物馆"奇特的千足百喙"活动为例[J].科学教育与博物馆，2018，4（3）：177-182.

这些教育活动以"自然探索移动课堂"最具代表性，它充分利用场馆实物投影、场馆标本，针对小学及以上观众开展动手实践型活动，增加了学习者探索自然的兴趣和动手操作能力。

8.2 科技科创类博物馆的学习目标与学习活动

明确科技科创类博物馆的学习目标，即理解科技发展、培养科学思维和实践能力、激发创新意识、了解科技应用与未来趋势以及培养科学精神和科技伦理意识。我们不难发现，这些目标是通过一系列丰富多样的学习活动形式来实现的。从实践体验到创客教育，从科普讲座到虚拟现实技术的运用，博物馆为学习者提供了全方位、多层次的学习体验。这些活动形式不仅紧密围绕学习目标，更在实践中帮助学习者深入理解科学知识，培养他们的创新思维和实践能力，同时激发他们对科技领域的浓厚兴趣。

8.2.1 学习目标

科技科创类博物馆以科学技术为核心内容，通过展示科技发展的历史、科学原理、现代科技成果等，培养学习者对科学的理解与兴趣，激发创新思维与实践能力。

1. 理解科技的发展历史和现状

通过展示科技的发展历史、介绍科技的基本概念和原理，可以加深学习者对科技发展过程的理解，以及了解技术突破、创新和革命所带来的影响以及科技与社会的相互关系。

2. 培养科学思维和实践能力

学习者可以在科技科创类博物馆进行科学实验、创作和设计等。这些实践活动能培养他们的科学思维和实践能力。学习者可以通过观察、探索、实验和创造等方式深入了解科学的本质。

3. 培养创新能力和创新意识

以创新为主题，展示创新成果和呈现创新历程是科技科创类博物馆的特点。科学史上有不少通过不懈追求探索出各种具有创新意义的重大发现。博物馆通过展示创新成果、突破性技术和历史上的重要创新事件，为学习者提供了一个深入了解创新历程的机会，有利于激发学习者对创新的兴趣和认同，激励其发现问题、解决问题、提出新理念和新方法的能力，有利于推动科技创新和技术进步。

4. 了解科技应用和未来发展趋势

展示科技应用和未来发展趋势的展品和展览有利于学习者了解前沿科技的应用领域和未来发展方向。学习者可以探索先进技术、了解科技改变生活和产业的方式，并思考科技对社会和人类未来的影响。

5. 培养科学精神和科技伦理意识

通过科普讲座、专题研讨等活动，引导学习者了解科学研究的基本方法和伦理规范，明白科技发展对社会、经济、环境等方面的影响，以及科技发展所面临的一些伦理和社会问题。从而培养学习者的科技伦理意识和社会责任感，促进科技发展与社会可持续发展的协调。

总的来说，科技科创类博物馆的学习目标涉及对科技发展历史和现状的传播、培养科学思维和实践能力、提高创新能力和创业精神、了解科技应用和未来发展趋势，以及培养STEM教育、科学素养和科技伦理意识等。这些目标旨在通过丰富多样的展品和活动，让学习者在博物馆中获得科学知识、培养科学素养，并激发他们对科技领域的兴趣和追求。

8.2.2 学习活动

1. 实践与体验

科技科创类博物馆注重学习者的实践参与和亲身体验。科技科创类博物馆设置了许多模拟科学原理的体验装置，通过提供实验器材、实验场地和互动展示等方式，让学习者亲自进行科学实验、操作科技设备，深入了解科学原理和实践过程。这种实践体验的学习方式可以增强学习者对科学知识的理解和掌握，同时也能激发他们的求知欲和创新思维。

2. 创客教育

创客教育是目前教育领域的热点，科技科创类博物馆鼓励学习者进行创新实践和创意设计。此类博物馆还会提供编程教育、机器人制作、3D打印等创客活动，让学习者在博物馆内进行实践性的科技创作，培养他们的创造力、逻辑思维和解决问题的能力。

这种创客教育活动，能够让学习者通过实践实现科学与技术的应用，加深对科技的理解和兴趣。

3. 科普讲座与专家交流

科学家、工程师等专家可以通过开展科普讲座和专家交流活动参与到科技科创类博物馆的学习活动中。通过专家的讲解和示范，学习者可以了解最新的科技研究成果、科学问题的解决方法以及科技行业的发展趋势。这种科普讲座，能够深入挖掘科技领域的知识和趣味，提供更加专业和权威的科学信息和解释。

4. 虚拟现实技术与互动体验

虚拟现实技术和互动设备为学习者提供了更加丰富和生动的学习体验。学习者可以通过虚拟现实设备模拟真实场景，身临其境地感受科学实验和创新过程。同时，互动设备和触摸屏等交互式设备也能让学习者参与到科技实践中，通过互动体验学习科学知识和技术。

上述这些学习活动丰富多样，能够激发学习者的兴趣和参与度，为他们提供全方位的学习体验。例如，四川科技馆中有大量航空航天的装备与展览，可以开展"探秘空间站"的学习活动，该活动包含以下活动任务：一是太空科技展示，即展示太空科技产品和装备，包括宇航服、航天器模型、太空食品等，让学习者了解太空科技的发展和应用；二是模拟太空生活体验，即设置太空舱模型或仿真舱，让学习者体验模拟太空生活，包括微重力环境下的行走、食用太空食品、进行科学实验等；三是设置互动实验，即设置太空实验室模型，让学习者进行一些简单的科学实验，体验在太空环境中进行科学研究的过程；四是虚拟现实体验，即提供虚拟现实眼镜，让学习者体验太空漫步或在太空舱内工作的感觉，感受微重力环境下的独特体验。这种基于真实生活的对科学、技术等方面的体验活动在课堂中是很少的。

8.3 历史文化类博物馆的学习目标与学习活动

历史文化类博物馆致力于帮助学习者了解文化历史的发展与演变，深入认识不同文化的特点与贡献，培养历史意识和文化自信，锻炼批判性思维，以及促进跨文化交流。为了实现这些目标，博物馆精心设计一系列学习活动，包括文物展示与解读、主题展览与沉浸式体验、故事讲述与互动参与、学术研究与专家讲座,以及社区教育与文化推广等。这些活动不仅紧密围绕学习目标,更在实践中帮助学习者深入理解历史文化,培养他们的批判性思维和跨文化理解能力,同时激发他们对传统文化的热爱和保护意识。

8.3.1　学习目标

历史文化类博物馆传承和弘扬文化,通过展示文物、记录历史事件等展品,培养学习者对历史与文化的认知和理解。主要学习目标有:了解历史文化的发展与演变、认识不同文化的特点与贡献、培养历史意识和文化自信、培养批判性思维和审美能力。

1. 了解历史文化的发展与演变

丰富多样的展品和陈列可以让学习者了解不同历史时期的文化特点、社会生活和艺术表现形式。学习者可以通过参观博物馆,了解古代文明的发展,理解不同文化背景下的社会制度、经济活动和艺术表达方式。

2. 认识不同文化的特点与贡献

历史文化类博物馆可以根据不同的专题为学习者提供深入研究的机会。学习者可以通过参加专题讲座、研讨会和参观特别展览,深入了解某个特定历史时期、文化地区或特定文化现象的详细信息。这种深入研究的学习方式可以帮助学习者理解不同文化的特点和贡献,加深对特定文化和历史的理解,使学习者理解和尊重不同的文化。

3. 培养历史意识和文化自信

培养学习者的历史意识和文化自信是历史文化类博物馆的学习目标之一。通过展示历史文物、文化艺术品和历史文献等,博物馆让学习者感受到历史的厚重和文化的传承,从而形成对自己文化传统的自信和自豪。学习者可以通过学习历史和文化,找寻文化根脉,形成自身文化认同、文化传承和价值观念。

4. 培养批判性思维

展示和解读艺术品和历史文物能培养学习者的批判性思维。历史文化类博物馆可以通过展览布局、文字说明、多媒体展示等方式,引导学习者思考历史问题,如历史事件的原因、影响和后果,历史人物的思想和行为,历史文化的演变和传承等,全面地了解历史和文化,对历史事件和文化现象形成自己的观点和判断。这有助于培养他们对历史的批判性思维，做到理性看待历史和文化问题。

5. 促进跨文化交流和理解

促进跨文化交流和理解，打破文化隔阂和误解是文化历史类博物馆的学习目标。学习者可以通过观看跨文化展览、参加文化交流活动和与其他学习者互动，增进对不同文化的认知和理解。这种跨文化交流和理解的学习方式，可以培养学习者的包容性思维和跨文化交际能力，促进多元文化的和谐发展。

总的来说，历史类博物馆通过展品和活动，让学习者在博物馆中获得关于历史和文化的知识，增加对自身文化的理解，加深对历史文明和文化多样性的理解，并培养学习者的批判性思维和跨文化理解能力。

8.3.2 学习活动

1. 文物展示与解读

历史文化类博物馆的主要任务之一是展示珍贵的文物和历史遗迹。学习者可以通过欣赏文物展览，了解古代社会的文化习俗、科技发展、社会制度等方面的信息。同时，博物馆还可以提供详细的解读和讲解，帮助学习者更好地理解和欣赏文物的价值。

2. 主题展览与沉浸式体验

历史文化类博物馆往往根据不同的主题展示文物和相关的历史文化信息，学习者可以从不同的主题角度，全方位地了解特定历史时期或特定文化的特点和演变。同时，通过利用现代科技手段，如虚拟现实、全息投影等，博物馆可以为学习者打造身临其境的体验，提供视觉和感知上的刺激，增强学习者的参与感和学习兴趣，激发其学习动力。

3. 故事讲述与互动参与

博物馆可通过展板、多媒体展示等形式，将历史背后的故事进行生动讲述，让学习者能够更好地理解历史事件的来龙去脉、人物的故事和历史文化的发展。此外，博物馆还可开展互动参与的活动，如模拟场景、角色扮演等，让学习者成为历史事件的"参与者"，亲身体验历史文化，增强对历史的情感投入和体验感。

4. 学术研究与专家讲座

历史文化类博物馆常常会与学术机构和专家合作，举办学术研讨会和专家讲座。学习者可以通过参与这些学术活动，了解最新的研究成果和学术观点，拓宽自己的学术视野。此外，学习者还可以与专家进行面对面的交流，提出问题和疑问，深入了解历史文化的内涵和研究方法。

5. 社区教育与文化推广

历史文化类博物馆承担着社区教育和文化推广的责任。博物馆可以与学校、社区等组织合作，开展讲座、讲解、工作坊等活动，向学习者普及历史、文化知识。此外，博物馆还可以组织丰富多样的文化活动，如传统节日庆典、演出、工艺展示等，促进对传统文化的传承和弘扬。

通过以上学习活动，历史文化类博物馆为学习者提供了一个深度了解历史文化、探索传统智慧和审美价值的场所。例如，陕西历史博物馆从素质教育的视角，联合馆藏壁画保护修复与材料科学研究国家文物局重点科研基地，和西安市曲江第二小学共同推出以唐墓壁画为主题的"盛世壁藏"研学课程，通过一系列富有时代性、趣味性、探究性和实践性的研究课题引导学生了解文史知识、感受唐代文明，同时也帮助其提升创新能力和实践能力。[①]

学习者通过观赏文物、沉浸式体验历史、参与互动活动和学术交流等方式，能够在愉悦的氛围中获取知识，提升自己的历史、文化素养，培养对传统文化的热爱和保护意识。同时，社区教育和文化推广的举措也让更多的人能够享受到历史文化的盛宴，促进社会、文化的进步和发展。

8.4 民俗工艺类博物馆的学习目标与学习活动

民俗工艺类博物馆致力于通过多种学习活动形式，让学习者亲身了解和体验传统民俗工艺的魅力。从了解民俗文化、学习工艺技艺，到认识民俗文化的特点和价值，再到促进创造力和审美素养，以及传承与保护文化遗产，民俗工艺类博物馆能为学习者提供一个全方位、多层次的学习体验。

---

① 黄姣. 基于情境认知与学习理论的博物馆研学课程设计——以陕西历史博物馆"盛世壁藏"为例[J]. 文博，2022（5）：104-112.

8.4.1 学习目标

民俗工艺类博物馆以展示传统手工艺品、民间艺术和民俗文化为主要内容，旨在培养学习者对传统工艺和民俗的了解与喜爱，并促进传统文化的传承与创新。

1. 了解民俗文化

丰富多样的展品和陈列让学习者了解不同地区和民族的传统习俗和文化特点。学习者可以通过参观博物馆，了解不同地区的传统节日、婚嫁礼仪、丧葬仪式、民间信仰等方面的习俗。这有助于促进学习者对文化多样性的认知和理解，增强他们对传统文化的尊重和保护意识。

2. 了解传统手工艺品的制作工艺和文化内涵

通过观察展品、实物演示和工艺展示等方式，学习者可以了解传统工艺技艺的工具、材料、制作过程和艺术风格。博物馆通过展示工匠们精益求精的技艺，让学习者深入了解传统工艺的魅力和独特之处，弘扬工匠精神，激发他们对工匠精神的认同与尊重，激发学习者对传统工艺的兴趣和热爱，并倡导尊重劳动、精益求精的价值观念。

3. 认识民俗文化的特点和价值

民俗工艺类博物馆通过展示传统工艺品和民俗文化的历史背景，帮助学习者理解传统工艺技艺的形成和发展。学习者可以通过观看展品和解说，了解传统工艺与地理环境、社会经济发展等因素的关系，探索工艺技艺在社会中的功能和意义。这有助于学习者加深对传统文化的认知，并了解传统工艺在社会繁荣、经济发展和人类生活中的作用。

4. 培养创造力和审美素养

民俗工艺类博物馆通过展品的多样性和艺术性，激发学习者的创造力和艺术灵感。这类博物馆通过展示工艺品的精湛工艺、丰富形式和独特风格，引导学习者欣赏、体验并反思其中的艺术之美，从而激发他们的创造力、想象力和审美意识，培养其对美的敏感性和欣赏能力，进而促进其全面发展与个性成长。

5. 传承与保护文化遗产

民俗工艺类博物馆承担着传承和保护民俗文化遗产的重要责任。学习者通过参观博物馆，了解传统工艺和民俗文化的珍贵性和独特性，提升对传统文化遗产的保护意识。[①]同时，博物馆还会开展相关的保护和传承项目，如搜集整理民间传统技艺、支持相关工艺的传承人培训等，为传统工艺和民俗文化的保护和传承做出贡献。

民俗工艺类博物馆的学习目标有对民俗文化的了解、学习工艺技艺、了解历史背景和社会意义、促进创造力和创新思维，以及传承与保护文化遗产等方面。这些目标旨在通过展品和活动，让学习者在博物馆中感受和体验传统工艺和民俗文化的魅力，加深对传统文化的理解和尊重，并积极参与到传统文化的传承和保护中。博物馆教育工作者在设计学习活动时，应根据学习者的特点和需求，选择适当的学习方式和内容，使学习者从中获得真知灼见、丰富的艺术体验。

8.4.2 学习活动

1. 民俗工艺展览与展示

民俗工艺类博物馆以展示民间传统工艺品为主要任务。学习者可以通过观赏各类古代手工艺品、纺织品、陶瓷器、木雕等，了解不同地区的民族工艺和民间艺术。这类博物馆通过展示传统民俗文化的形式和内涵，加深学习者对民俗文化的理解和欣赏。展览通常会根据不同的主题，展示特定地域或特定民族的民俗工艺，帮助学习者深入了解这些工艺品的制作过程和背后蕴含的文化内涵。

2. 工艺品制作与技能传承

为了促进传统手工艺的传承和发展，民俗工艺类博物馆通常会开设工艺品制作的体验区域。学习者可以亲自动手参与传统手工艺品的制作，学习和体验传统技能和工艺的奥秘。这种亲身参与的学习方式，不仅能够使学习者更深入地了解民俗工艺的独特魅力，还能对传统手工艺的价值有更全面的认识。

3. 工艺品发展与现代创新

民俗工艺类博物馆的主题展览和讲座会介绍传统民俗工艺的发展历程和现代创新。学习者可以借此了解传统工艺在现代社会中的研究和应用进展，以及传统工艺如何与现代工艺相融合，实现传统与现代的良性互动。这种传统工艺与现代创新结合的学习活

[①] 王巨山. 手工艺类非物质文化遗产理论及博物馆化保护研究——以杨家埠木版年画制作工艺的考察为例[D]. 济南：山东大学，2007.

动，能够激发学习者对于文化遗产的创新思维。

4. 民俗文化展演与活动

博物馆可邀请传统手工艺人进行技艺表演，现场展示传统手工艺品的制作过程和传统手工艺人的精湛技巧，让学习者近距离感受传统工艺的魅力。此外，可以举办民俗节庆等活动，让学习者亲身参与传统游戏、手工活动、传统节日的庆祝等，增加对传统文化的了解和亲近感。

通过以上的学习活动形式，民俗工艺类博物馆为学习者提供了一个亲身了解和体验传统民俗工艺的平台。学习者通过观赏展品、参与制作活动、参与展演，能够更好地理解和欣赏传统工艺的价值，加深对民俗文化的热爱并加强对民俗文化的保护意识。

例如，中国竹艺博物馆位于四川省青神县，是四川省第一座启用的地方文物特色馆。早在两千多年前的战国时代，青神的先民便就地取材，利用当地自然生长的竹子编织出各种各样的器物。在方便了日常生活的同时，形成了当地极具特色的青神竹编。该博物馆介绍了竹子的生态资源，展览了各式竹类艺术品、工业用具、建筑用具以及家用摆饰等，展览内容相当丰富。通过参观博物馆，学习者不仅可以对馆藏平面竹编、瓷胎竹编、立体竹编、竹制用品等进行深入了解，还可以实地观看竹编技艺展示，进一步了解青神竹编技艺，感受四川传统民间竹艺文化所呈现的以竹传道的中华传统美学。成都教科院附属学校（西区）在此组织了各式各样的竹编文化活动，让学生们充分感受非遗文化魅力。首先，学校带领同学们走进竹艺博物馆，了解竹文化的历史渊源、传统技艺和现代应用等方面的内容，通过实地参观和互动体验，让学生更加直观地了解竹文化的魅力。其次，组织学生参与竹编文化传统体验活动，通过亲身体验传统竹文化的乐趣和魅力，激发学生对传统文化的热爱和保护意识。

8.5 行业领域类博物馆的学习目标与学习活动

在探讨了民俗工艺类博物馆的学习目标与学习活动形式之后，我们转向另一类同样富有特色的博物馆——行业领域类博物馆。这类博物馆以特定行业为主题，通过丰富的展品和多样的学习活动形式，致力于培养学习者对行业知识和职业发展的深入了解与认同。从深入了解相关行业知识，到探索行业经济和社会价值，再到引导创新思维和创业意识、培养专业技能和实践能力以及培养文化素养和跨学科能力，行业领域类博物馆的学习目标涵盖了行业知识的多个维度。

8.5.1 学习目标

行业领域类博物馆是以某种特定行业为主题，通过展示相关产业的发展历程、技术成果和行业文化等，培养学习者对行业知识和职业发展的了解与认同。

1. 深入了解相关行业知识

行业领域类博物馆主要关注某一特定行业领域，如石油、航空、农业、钢铁等。学习目标之一是让学习者通过参观和研究相关展品，深入了解行业的历史和技术。学习者可以通过展陈了解该行业的起源、技术革新以及现代化的发展过程，从而对相关领域有更全面的认知。

2. 探索行业经济和社会价值

该类博物馆不仅关注行业的技术和发展，还关注行业对经济和社会的价值。学习者可以通过观看展览、听取讲座以及参与互动活动，了解该行业对就业、经济发展和社会进步的重要影响，了解该行业对当地和全球的影响力，并了解相关行业领域的就业机会和发展前景。

3. 引导创新思维和创业意识

重视创新和创业精神的培养是行业领域类博物馆的学习目标之一。通过展示行业的创新成果和技术发展，鼓励学习者思考如何在相关行业中发挥创造力和创新精神。学习者可以通过展馆提供的案例、创业讲座和互动活动，了解创新的重要性和挑战，培养自己的创新思维和创业意识。

4. 培养专业技能和实践能力

行业领域类博物馆中的实践体验区域为学习者提供参与实践活动的机会。学习者可以参与模拟实验、操作设备、使用工具等，感受真实的行业环境，掌握相关的专业技能和实践能力。这种亲身参与的学习方式，能够加深学习者对相关行业的理解和兴趣，同时培养学习者的动手能力和解决问题的能力。

5. 培养文化素养和跨学科能力

从人文和社会科学的角度来看，通过参观行业领域类博物馆，学习者不仅可以了解相关行业的技术和经济，还能从历史、社会和文化的角度思考相关问题。学习者可以通过研究相关行业对文化传统、社会变迁和环境可持续性的影响，培养自己的文化素养和跨学科的思维能力。

8.5.2 学习活动形式

1. 实地参观

学习者可以通过参观行业领域类博物馆，实地考察和观察相关展品。通过观察真实的展品和场景，学习者能够更直观地了解行业的发展和相关技术，从而加深对行业的认知和理解。例如，组织学习者参观相关企业或工厂，了解行业的生产过程、技术装备和管理模式，加深对行业的实际认知。

2. 互动参与和体验活动

行业领域类博物馆中各种各样的实践体验区域能为学习者提供丰富的互动参与和体验活动。学习者可以参与模拟实验、操作设备、体验产品等，通过亲身参与加深对行业的理解和兴趣。

3. 讲座交流和职业咨询

开展讲座也是行业领域类博物馆的学习活动之一，其为学习者提供学习和讨论的机会。学习者可以听取专家学者的讲解和分享，了解行业研究的最新进展和趋势，同时参与讨论和提问，加深对相关行业的专业了解。博物馆也可以邀请行业专家、企业代表等进行职业咨询活动，为学习者提供就业指导、职业规划等方面的信息和建议，帮助学习者了解行业的职业发展前景。

4. 创新创业培训

博物馆可联合学校开展创新创业培训课程，指导学习者进行创新创业项目开发，鼓励学习者在行业领域中发挥创新能力；组织青少年创新挑战赛和创业比赛，鼓励他们提出创意方案和商业计划，并提供专业指导和评审；设置创业孵化器和创客空间，提供创业辅导、资源支持和项目孵化服务，积极促进青少年创新创业精神的培养和实践，激发青少年的创新意识和创业能力。

行业领域类博物馆通过上述学习活动，使学习者能够全面地学习和体验相关行业的特点和魅力，为他们未来的学习和职业发展奠定扎实的基础。

例如，中国化工博物馆作为国家级化工行业博物馆，展示了化工行业垂直领域的历史发展进程和科学内涵，还通过展示使学习者对化工行业特色有了进一步的认知。该博物馆多次开展"探秘物质世界""塑造新世界""与水体污染的较量""电池DIY"等多种学习活动。以"与水体污染的较量"活动为例，该博物馆充分利用馆内资源，带领学习者认识污水、了解污水变清水的原理、探究活性炭的妙用、探秘神奇的净水材料。

各类博物馆都有着自己独特的学习目标和学习活动方式，它们通过丰富的展陈和互动体验激发学习者的兴趣和学习欲望，提高他们对相关领域的理解和认识。博物馆教育工作者应根据不同类型博物馆的特点和学习目标，设计丰富多样的学习活动，提供有针对性的教育服务，促进学习者的全面发展。

第9章 博物馆学习的主要学习方式

针对不同类型的博物馆设计具有针对性的学习活动，对发挥博物馆的育人功能具有重要意义。要想真正提高博物馆学习活动设计与实施的水平，我们需从课程教学的专业角度认识学习活动背后的具体学习方式，以便使博物馆学习的设计与实施更为专业。

2022年4月，教育部颁布的《义务教育课程方案和课程标准（2022年版）》明确了核心素养导向下综合育人和实践育人的核心理念，倡导综合课程与跨学科学习，并鼓励学科实践学习。这使得体验式学习、具身性学习、探究式学习、项目式学习和游戏化学习等创新性学习方式受到越来越多的重视。特别是在博物馆这一特殊的学习环境中，这些学习方式的研究价值尤为突出。通过不断优化学习方式，我们能够更好地利用博物馆的丰富资源，促进学习者对学习对象的深度理解，创造属于他们自己的知识，从而充分发挥博物馆资源的育人价值。

9.1 体验式学习

9.1.1 什么是体验式学习

体验式学习理论由大卫·库伯于20世纪80年代提出，融合了经验学习理论的精髓，构建了四阶段的"体验式学习圈模型"。在"体验式学习圈模型"中，大卫·库伯特别强调了共享与应用的重要性。体验式学习强调"边做边学"，通过实践中的尝试与发现，有效激发并挖掘学习者的潜能。结合实际操作与反思，学习者能深入理解并掌握知识，进而在实际情境中应用，提升学习效率。在博物馆学习中，学习者可以通过亲身参与和互动，更直观地理解展品的科学原理和文化背景，从而在体验中实现对知识的构建和价值的认同。

9.1.2 体验式学习的功能

体验式学习为学习者提供丰富的学习经历，能显著提升其实践能力。通过实际操作，体验式学习帮助学习者将理论知识转化为实践技能，增强实践能力，使抽象概念生动易懂。亲身体验让学习者对知识印象深刻，记忆持久。体验式学习还鼓励学习者面对挑战和问题，培养他们的创新思维和解决问题的能力。学习者需跳出传统思维，探索新颖的解决方案。同时，体验式学习常常需要学习者之间的团队合作，这不仅能提升他们的团队协作能力，还能培养他们的沟通技巧和领导能力。学习者需要学会在团队中发挥自己的作用，与他人共同完成任务。更为重要的是，体验式学习能促进学习者自主学习能力的提升。在探索和实践的过程中，学习者需要有独立地获取信息、分析问题和解决问题的能力，他们在深度参与中持续不断地建构、改进自我，促进个体经验的不断重组。

9.1.3 博物馆中的体验式学习应用

体验式学习在博物馆教育中广泛应用，通过营造身临其境的环境，可以让学习者直观了解展品的历史背景与文化内涵。

例如，漕运文化博物馆融合情境与实物，让学习者身临其境感受漕运文化历史变迁。"开始登船"展项通过灯光、声音等多媒体手段营造神秘的参观氛围，让学习者仿佛穿越时空回到古代漕运时期。这种沉浸式的情境体验让学习者能够深刻感受到漕运文化的魅力，并牢记体验的感受和过程。

再如，杭州市属博物馆设立"茶学堂"，推出中国名茶体验式学习课程，精心策划教学活动。这一课程采用全新的体验式学习模式，将点对点的专业指导、一对一的细致教学、互动参与及演示环节融为一体，实现了茶文化爱好者对茶知识的快速分享与体验，引导他们以更为科学、准确的方式认识茶叶，并享受品饮茶叶的乐趣。

通过沉浸式情境体验的设计，博物馆能够让学习者更加深入地了解某种特定的文化或历史时期，增强其文化认同感和历史责任感。

9.1.4 博物馆体验学习的理论基础

博物馆体验学习的核心理念与大卫·库伯提出的经验学习圈理论紧密相关，两者在结构上不谋而合。库伯的学习圈包括四个核心阶段：具体经验、反思性观察、抽象概念化以及主动实践，这构成了一个闭环学习路径，引导学习者从实践中汲取经验，通过反思深化理解，进而提炼出抽象概念，并最终将所学付诸实践。

在博物馆这一独特的学习环境中，具体经验阶段占据了举足轻重的地位。首先，博物馆凭借丰富的藏品、逼真的场景复原以及讲解员的生动解说，为学习者构建了一个沉浸式的学习空间。学习者能够亲手触摸历史遗物，直接感受文物背后的故事与情感，从而积累宝贵的具体经验。其次是反思性观察阶段，学习者在获取具体经验后，会自然而然地进入自我反思的过程。他们会在脑海中重现所见所闻，努力理解和消化这些经验。再次是抽象概念化阶段，此阶段要求学习者将具体经验和反思升华为抽象的知识与见解。在此阶段，学习者开始构建对历史文化、科学原理等深层次的认识，将个人经验内化为知识体系的一部分。最后，主动实践阶段则是学习者将所学知识应用于实际生活或进一步学习的关键环节。他们可能在日常工作、学习或生活中运用博物馆学到的知识，也可能通过参与博物馆的各类活动（如研讨会、工作坊）来巩固和拓展所学知识。这一阶段实现了学习的最终目的——将知识转化为实践能力。

综上所述，库伯学习圈理论为博物馆体验学习提供了坚实的理论基础。通过这一循环学习模式，博物馆不仅为学习者提供了深刻的学习体验，还促进了文化的传承与发展。

9.1.5 博物馆体验学习的策略优化

博物馆体验学习策略旨在构建一个从初步感知到深入探索，再到新知获取与记忆深化的学习路径，这一过程融合了沉浸式的感官体验、多元化的信息展示、动态过程模拟及深度知识互动。

1. 沉浸式的感官体验

学习者踏入博物馆的瞬间，便开启了学习之旅。博物馆内，丰富的展品、精巧的布局、柔和的灯光与引人入胜的音效交织成一幅幅画卷，营造出一个让人沉浸其中的学习环境。每一件展品都是故事的载体，通过直观展示，让学习者初步感受到其所承载的历史、文化或科学价值，从而激发起他们的好奇心与探索欲，为后续深入学习奠定基础。在此阶段，博物馆应特别注重利用多重感官刺激来吸引学习者的注意力，通过视觉、听觉等多维度的呈现方式，使学习者能够更加全面地感知展品，进而激发其学习动力。

2. 多元化的信息展示

在初步感知后，博物馆体验学习步入多元化的信息展示阶段。此阶段旨在通过多元化的途径，引导学习者深入探索展品的丰富内涵，包括其背景故事、制作工艺及深远的历史意义，以形成全面且深刻的理解。博物馆可借助多媒体展示技术，如高清视频、精美图片配以详尽的文字说明，将展品信息生动、直观地呈现给学习者，降低理解门槛。此外，互动游戏、拼图挑战及虚拟现实体验等创新方式，则可以进一步增强了学习者的参与感与体验感，使他们能够身临其境地感受展品的制作过程与历史文化背景，从而在趣味中深化学习。通过这些多元化的信息展示手段，博物馆不仅丰富了学习者的知识储备，还激发了他们的学习兴趣与探索精神，为后续的深度学习与记忆巩固奠定了坚实基础。

3. 动态过程模拟

在博物馆展示过程中，应特别注重动态过程的呈现，以区别于传统的静态欣赏模式。这一策略旨在通过直观而生动的方式，让学习者深入理解展品的内在价值与文化意义，从而提升学习的趣味性和深度。利用现代科技，如VR技术，博物馆能够重现历史事件或科学原理的实际场景。例如，学习者可佩戴VR设备，穿越时空至古代战场，亲身体验激烈战斗的氛围；或漫步于虚拟的古代文明遗址中，直观感受其繁荣与辉煌。

4. 深度知识互动

博物馆体验学习不仅仅是关于感知和欣赏，更重要的是帮助学习者获得新知并深化记忆。这是博物馆教育的核心价值所在，也是学习者参观后能够带回家的宝贵财富。在学习者经历了前几个阶段后，他们对展品已经有了深入的了解。博物馆可以通过设置讨论区来引导学习者进行知识的总结和提炼，这种互动不仅可以加深学习者对展品的理解，还能帮助他们从不同的角度思考问题，拓宽视野。

9.2 具身性学习

9.2.1 什么是具身性学习

"具身认知"理论是认知心理学领域的一项重要理论,其核心观点在于强调身体在认知过程中的核心作用。该理论起源于瓦雷拉等学者的研究。他们在其著作《具身心智:认知科学和人类经验》中首次提出了具身(embodied)这一概念,明确指出感觉和运动过程、知觉与动作在本质上是不可分割的,强调了身体在认知过程中的积极参与,打破了传统上认为认知仅与大脑活动相关的观念。

具身性学习不仅仅是一种知识获取的方式,更是一种全新的学习理念。在这种学习方式中,身体不再是被动的接受者,而是认知的积极参与者。换句话说,我们如何理解和认识世界,很大程度上取决于身体的活动方式和所接收到的感觉信息。在具身性学习中,学习者不再单纯地通过听讲或阅读来获取知识,而是通过身体的实际活动(如观察、操作、实践等)来体验和感知知识。这种学习方式的好处是显而易见的:它能够使学习者更加深入地理解和掌握知识,产生更深层、更持久的记忆痕迹。

9.2.2 博物馆学习具有具身性

博物馆学习具有显著的具身性。在博物馆这个特殊的学习环境中,学习者不仅仅是用眼睛"看"知识,而且可以参与各种互动活动,从而深刻地感受和体验展品所传递的信息和知识。例如,许多博物馆设置了各种互动体验区,学习者可以通过实际操作和参与,更深入地了解展品的制作原理、历史文化背景或科学现象。因此,博物馆学习不仅是一种视觉上的享受,更是一种全身心的投入和体验,这充分体现了具身性学习的理念。

9.2.3 具身性学习在博物馆中的应用场景

在博物馆中,具身性学习的运用场景广泛且多样。在历史文化类博物馆,学习者可以穿上古代服饰,仿佛穿越了时空,成为那个历史时期的一员。而在科学类博物馆,具身性学习的应用同样广泛。学习者可以亲自进行实验,探索物理、化学或生物学的奥秘，他们可以进行一项有趣的化学反应实验，观察两种物质混合后产生的奇妙变化；或者正在操作一个简易的机器人，了解机械原理和编程逻辑。此外，博物馆中的各类模拟场景和互动装置也是具身性学习的重要应用。例如，一些博物馆设置了地震模拟装置，让学习者亲身体验地震的感觉，从而更加了解地震的原理和应对措施；还有一些博物馆通过全息影像技术，为学习者打造一个身临其境的古代城市或自然环境，让他们在视觉、听觉甚至嗅觉上都能得到全方位的体验。

9.2.4 具身性学习的特点

1. 亲身体验

人类通过亲身体验，构建起感知觉的核心基础，这是认知发展的基石。对于人类来说，感官体验是我们最初探索世界的手段，是贯穿一生的自主学习方式。世界万物的表象、意义等，都在我们的体验中得以重塑。学习亦然，若将身体体验排除在心智发展之外，将会导致学习者在知识获取过程中失去信息处理的载体。因此，我们必须鼓励学习者运用自己的身体去感知、经历、体验，通过与环境的实时互动，形成独特的感受，从而揭示学习最本质的意义。

2. 情境融合

学习者所学内容的内化，是在表象形成后，通过进一步的认知加工来实现的，而认知的产生则源自人的身体及其与周围环境的交互。人作为社会关系的总和，其认知的发展、进化及其结果，都是对现实生活中真实环境与既定事实的反映，离不开社会所创造的情境。具身学习理论注重身体、心智与环境的融合，强调运用情境中原始、动态、全面的信息刺激，激发学习者的内在表达欲望。在身体、心智与情境融合的过程中，学习者通过亲身接触，能够触发深层思考，摆脱传统认知的束缚，形成富有创造力的情感和价值观。

3. 即时生成

具身学习强调的身体在场，使学习者能够利用身体与外界的连接，不断产生新的学习意义。由于个体发展的差异性，每个人在与外界环境的具身交互中所产生和积累的体验都是独特的，它们都是即时的、即兴的。在具身学习过程中，学生不断接受来自变化的外界环境的刺激，以不断变化的"本我"进行着同样处于变化中的经验意义的建构，最终生成脱离固定模式、具有即时性的思维认知。

9.2.5 博物馆开展具身学习的策略

1. 激活储存经验，激发学习动机

具身认知理念强调，身体器官和运动系统在认知过程中扮演着重要角色，它们共同捕捉并储存着关于世界的细微经验。学习者正是从这些经验出发，并在不断积累新经验的过程中实现成长。为此，设计既合适又具有挑战性的博物馆具身学习任务显得至关重要。学习者将已有知识与博物馆的展品相结合，激活他们脑海中的储存经验，推动他们形成深度理解。这种以学生为中心的学习方式，不仅能够增强学生的学习动机，还能让他们在探索博物馆的过程中，更加深入地理解和体验展品所蕴含的文化内涵。

2. 调动多种感官，发展高阶思维

身体的直接体验是人类获取知识的重要渠道。人的整个概念系统都深深植根于知觉、身体运动。事实上，概念和概念系统的形成受到人类身体结构的深刻影响，例如，我们对颜色的分辨能力在很大程度上取决于人类视网膜的独特生理结构。因此，在博物馆学习环境中，教师应充分调动学生的各种感官，让学生全方位地参与和体验。

3. 开展具身活动，促进自我建构

具身认知理论揭示了一个深刻的认识，即学习者通过参与具体、有形的活动，能够挖掘出其中蕴含的隐性意义。在这一理论框架下，学生身体在认知活动中的作用被赋予了极其重要的地位，同时学生的身体主体性也得到了充分的重视。

4. 创设具身情境，助推个性表达

人的认知并非孤立存在，而是深深根植于具体的环境之中。环境不仅影响着学习者的认知过程，更是学习者认知的对象和结果的组成部分。然而，传统的学习方式往往缺乏真实的学习环境，这使得学习变得抽象和枯燥。为了突破这一困境，任务情境的创设便尤为重要。借助博物馆这一独特的具身情境，学生能够通过身体动作或心理动作进行感知与运动的循环，实现身心的交互，从而形成个体独特的经验。

9.3 探究式学习

9.3.1 什么是探究式学习

探究式学习是一种以学习者为主体的学习模式。在这种模式下，学习者不再是被动的知识接受者，而是知识的主动探求者，他们主动地从自己感兴趣的学科领域或现实生活中的问题出发，选择和确立自己的研究主题。教学环境也在此过程中被重新设计，使学习者在学习的过程中能够更深入地理解和掌握知识。

探究式学习的核心在于学习者的主动性与自主性。它鼓励学习者自主发现问题，通过实验、操作、调查等手段，主动地搜集与处理信息，进而寻求问题的答案。在这个过程中，学习者不仅需要运用已有的知识，更需要学会如何与人沟通、合作、表达自己的想法。

9.3.2 探究式学习的基本模式

探究式学习不同于其他学习方式的最显著特征就在于探究，它通过探究促进学习者的学习和发展，因此，探究性学习必须能够符合和反映探究的实际需要。在构建探究式学习基本模式时，必须分析和选取探究中的基本要素来组成探究式学习的实施要素。其基本模式大致可分为：提出问题、分析问题、搜集资料、解释结论、过程反思等。

第一阶段，提出问题。在教学中，学习者探究意识的产生往往表现为他们主动提出一系列问题，而这一过程则深深依赖于精心构建的问题情境。问题并非凭空出现，当学习者遭遇具有挑战性的问题情境时，他们会努力运用自己已有的认知结构中的经验去理解和应对。这一尝试不仅激活了学习者的认知结构，还促使他们更深入地思考。然而，由于学习者的认知结构中往往只包含相关的基础背景经验，缺乏直接应对当前问题的知识，因此他们可能会感到困惑和无助。这种"心有余而力不足"的状态，实际上是一种认知冲突，它激发了学习者内心深处的探究欲望，驱使他们更加深入地探索问题。这种探究意识的外在表现，便是学习者针对问题情境提出的一系列问题。因此，在探究式学习中，教师的一项重要任务就是设计富有探索性和启发性的问题情境，以此激发学习者的探究欲望，引导他们深入探索，从而培养他们的探究意识及能力。

第二阶段，分析问题。学习者在面对问题时，会积极调动自己的原有知识经验，去剖析问题的特性，明确涉及的关键变量，进而洞察这些变量间潜在的基本关系。通过这一系列思考过程，学习者对问题情境及其内在逻辑形成初步的理解，并逐步构建起关于问题的假设。在探究过程中，假设的提出至关重要，它如同航标，指引着探究的方向。在博物馆学习中，面对未知的问题，学习者无法直接得知答案，但可以根据已有的知识和经验及博物馆呈现的信息去分析、推测和发现。

第三阶段，搜集资料。学习者针对假设寻找证据，主要是通过各种各样的途径去获得解决问题所需的必要信息来支持他们的假设。探究的方式、方法要根据问题的特点和探究者自身的条件来选择。通常，搜集信息资料的方法有：从有关的教学材料网络查找资料；通过观察、做实验寻求证据资料；开展调查研究，咨询有关行业专家以获得帮助。在搜集信息的过程中，学生往往对查阅哪些方面的资料、如何进行查阅、如何设计探究活动、如何进行现场调查等缺乏经验，完全自由地探究会存在一定困难。教师应在确保学生主动探究的基础上，关注学生的探究动态，及时为学习者提供引导和支持，使探究式学习得以有效地进行。

第四阶段，解释结论。探究式学习在博物馆中不仅要求学习者搜集充分的证据，更要对这些证据做出合理的解释。学习者通过各种探究途径（如观察展览、参与互动实验、查阅相关资料等）获得的事实信息仅仅是"物的存在"。若这些事实信息未经证明，未能与他们的假设、变量和问题相联系，那么这些信息的价值将无法得到充分体现。在博物馆的探究式学习中，解释这一环节尤为关键。学习者需要将自己观察到的现象、实验的结果与已有的知识相结合，形成超越已有知识和当前观察结果的新的理解，体现学习是知识创造的核心要义。他们需要从所获得的信息材料和事实出发，按照一定的理论逻辑来推理变量之间的关系，实现从"事实"到"原理"的转化。如果学习者推理的结果与他们的假设相一致，那么这一假设就是对问题的正确解释，假设就能成立。然而，如果推理的结果与假设相驳斥，或者两者无法相互吻合，那么假设就不能成立。在这种情况下，学习者需要结合在博物馆中获得的结果，重新审视和调整自己的假设，再次开展验证活动，直至找到能够合理解释所有证据的答案。

第五阶段，过程反思。当探究学习中获得的证据支持了学习者的假设，则意味着学习者对问题的探究取得了成功。然而，这种成功是相对于学习者自身的知识经验而言的。因为假设是基于学习者个人的知识和经验提出的，探究方法是学习者自己确定的，事实信息也是由学习者搜集的。接下来，学习者需要思考其他研究者是如何认识这一问题的，特别是那些在科学领域内公认的观点。在博物馆探究式学习中，学习者可以通过查阅相关的科学文献、展览说明或咨询博物馆内的专家来获取这些公认的观点。这些观点可以作为参照，帮助学习者评价自己的探究是否成功，是否达到了科学研究的标准。同时，学习也是一种具有反思性质的活动。在博物馆探究式学习中获得了对问题的答案之后，学习者需要对自己的学习过程进行反思和评价。这种评价侧重于"我学会了什么""我明白了什么""我掌握了哪些方法""我还有哪些需要改进和注意的地方""我下一步该探究什么"等。通过反思，学习者可以深入了解自己的学习过程和成果，发现自身的不足和潜力，从而进一步完善自己的学习方法和策略。

9.3.3　探究式学习在博物馆学习中的意义

博物馆，作为一个汇集了历史、文化、科学等多方面知识的宝库，为探究式学习提供了得天独厚的环境，在博物馆中进行探究式学习，其意义远超过简单的知识传授。

探究式学习在博物馆中的实施能极大地激发学习者的学习兴趣和好奇心。博物馆中的展品、实物和互动设施，都为他们提供了一个真实、直观的学习环境，学习者可以通过亲身观察和体验，更直观地理解各种知识，这种学习方式远比单纯的课堂讲授更为生动有趣。不仅如此，探究式学习还着重培养学习者的独立思考能力和解决问题的能力，在博物馆中，学习者需要自己确定研究主题，设计研究方案，搜集并分析数据，最终得出结论。这一系列的过程，都需要学习者独立思考、自主决策，这无疑会锻炼他们的思考能力和解决问题的能力。再者，博物馆中的探究式学习有助于培养学习者的合作精神和团队意识，在探究式学习的过程中，学习者往往需要分组合作，共同完成研究任务。

9.4　项目式学习

9.4.1　什么是项目式学习

项目式学习是一种基于真实问题、真实任务展开的深度学习活动，它要求学习者在限定的时间内对真实且复杂的问题展开深入研究。在这种模式下，学习者不再是被动的知识接受者，而是转变为积极的知识探索者和创造者。项目式学习赋予学习者更多的自主权和选择权，让他们在一定的时间框架内，自由地选择感兴趣的主题，进行项目的规划、设计与实施。而体现知识创造结果的项目最终成果，则通过多样化的展示方式，如报告、演讲、展览或是实际操作等来呈现。

这种学习方式的核心价值在于它强调了学习的主动性和自主性，实践的真实性与完整性。在传统的课堂教学中，学习者往往是被动地接受知识，而在项目式学习中，学习者需要主动地提出问题、寻找答案，并通过实际操作、调查研究以及团队合作等方式，来深入探索所选主题或问题，并通过最终成果的呈现表现真实的学习效果。

9.4.2　项目式学习在博物馆学习中的突出优势

项目式学习是一种围绕真实问题或任务展开的学习方式，能够将博物馆内丰富的实物资源与学习者的需求紧密结合，从而打造一个真实、生动且富有挑战性的学习体验。在学习过程中，学习者由驱动性问题进入，并在教师的引导下调动身边一切可用资源来解决这些问题。在这个过程中，学习者需要经历信息的搜集、整合、合作与反思等深度思考环节。与传统的学科教学模式相比，项目式学习具有显著优势：它使学习过程更加真实，鼓励学习者解决具有挑战性的问题，强调对学习者高阶思维能力的培养，重视学习者成果的展示与评价，更能直观表现学习者自我知识创造的结果。

9.4.3　博物馆项目式学习的关键要素

博物馆项目式学习的关键要素主要包括以下几点。

首先，一个明确的项目主题或问题是项目式学习的核心，它指引着学习者的探究方向和目标。

其次，博物馆丰富的资源为学习者提供了广阔的学习空间，这些资源不仅包括展品本身，还有相关的历史背景、科学原理和艺术表现等方面的信息。例如，株洲博物馆开展了"揭开恐龙王国""小考古学家""开心种田"等一系列的教学活动，将博物馆内的三叶虫、恐龙等古代生物化石以及自然、历史、民俗展览等教学资源进行了充分的挖掘。学习者能够在自己的学习环境中，找到问题并加以解决，并在解决实际问题的过程中提高协作探究学习的能力。

再次，设计系统化的博物馆课程。在设计课程时，要将各个年龄阶段的学习者的年龄特点、学业水平和认知水平都考虑进去，充分考虑到他们对跨学科的综合性及实践性学习需要，对课程的目标、学习重点、学习任务以及学习方法等都要有所了解，对课程进行合理的规划和组织，从而建立起一个较为完善的课程体系，使各个年龄阶段的学习者都能使用博物馆的资源进行学习。例如，株洲博物馆按照"地质与矿产资源""历史与社会发展""民俗与社会生活"等设置了多个项目式学习主题大类，每一主题大类都可以再细分为多个专题，各专题分别适应不同年龄段的学习者；每一个专题下都设置了一系列的小活动，从而构成了一套较为完备的博物馆项目式学习课程体系。

最后，项目成果的展示和评价。这是检验学习者学习成果的重要环节。通过展示和交流，学习者可以相互学习、相互启发，进一步提升自己的学习能力和综合素质。

9.4.4 博物馆项目式学习的基本流程

博物馆项目式学习是一种综合性、实践性强的学习方式，其基本流程可以细分为项目启动、项目实施、项目评估、项目总结等阶段。

首先是项目启动阶段，这是整个项目的起点。在这个阶段，学习者分小组策划并制订项目计划，明确项目的主题和学习目标。

其次是项目实施阶段，学习者根据项目需求选择合适的方式，积极搜集和整理信息。在这个过程中，他们运用数据分析、综合比较等方法，努力解决遇到的问题。同时，小组合作的方式也在此阶段发挥重要作用。学习者通过团队协作，共同攻克难题。教师可以在学习者需要时给予适当的指导和帮助。

再次是项目评估阶段。这一阶段实际上贯穿于整个项目式学习的始终。评估主体可以是教师、学习者或者专家，可采用多种形式对学习者的学习情况进行全面评价。这种评价方式不仅关注学习者的学习成果，更重视他们在学习过程中所展现的能力和态度。

最后是项目总结阶段。学习者在这个阶段对本课程所学的知识进行梳理和总结，搭建起完整的知识框架。他们通过合适的方式将知识物化，形成具有实际意义的成果，并进行发布。这一过程不仅帮助学习者巩固所学知识，还提升了他们的问题解决能力。

9.4.5 博物馆项目式学习的组织策略

要想高效完成博物馆项目式学习任务，我们需遵循几个组织策略，主要包括精准选择项目主题、确立清晰的学习目标、构建真实的情境、注重项目成果的生成以及加强项目式学习的评价。

1. 精准选择项目主题

在选择项目主题时，我们既要考虑博物馆现有的主题和教育资源，又要确保主题能为学习者带来适度的挑战，具有足够的探索空间，能激发他们的深度思考。理想的项目主题应具备两大特征：一是符合项目式学习的知识类型；二是符合学习者的认知发展水平。

（1）符合项目式学习的知识类型。

在博物馆项目式学习开始之前，设计者需要深思熟虑，选择恰当的主题概念来引导学习者深入学习。需要明确的是，无论概念的大小，学习者在学习的过程中都需要将具体的知识、经验和生活联系起来。如果选取的概念过于宏大或抽象，与学习者的认知基础相差甚远，那么不仅项目设计过程会面临困难，而且可能因超出学习者的认知范围而难以取得理想效果。此外，如果概念过于具体琐碎，则无法为学习者提供足够的智力挑战，也无法激发他们的深入思考。例如，三星堆遗址中出土的各类陶器皿，与玉器、金器属于同一层级的概念。当我们把这些器皿归为更高层级的礼器时，它们便构成了一个更为广泛和深入的主题，能够引导学习者进行深入探究。

（2）符合学习者的认知发展水平。

设计博物馆项目式活动必须紧密关注学习者的认知发展水平，选择的项目主题和内容必须与学习者的认知发展阶段相契合，同时要兼顾学习者的兴趣和喜好。例如，在为小学生设计项目时，博物馆学习设计者需要充分考虑到他们思维活跃、注意力集中时间相对较短、行动力强的特点，设计更具有童趣的项目式活动。

2. 确立清晰的学习目标

项目目标不仅是博物馆项目式学习的出发点，更是其最终的归宿，它犹如一盏明灯，为项目式活动指明方向，引导着活动过程的每一步，并在最后对活动效果进行评价。

（1）聚焦学习结果，构建清晰明确的目标概念。

教学目标本质上是对学习者经过学习后应达到的知识、技能、情感等层面的具体要求。在这一过程中，教师需要特别注意区分"学习行为"与"学习结果"之间的差异，确保目标设定不仅关注学习者的学习过程和方法，更要强调他们通过这一过程所能获得的知识和能力。

（2）设定适当目标，充分考虑学习者实际情况。

每个学习者都是独一无二的个体，他们的家庭背景、教育经历、兴趣爱好等方面都存在差异。因此，教师在设计项目目标时，不仅要了解学习者的共性，更要关注他们的个性差异，确保所设定的目标既具有普适性，又能满足不同学习者的需求。同时，教师还应熟悉学习者现有的知识能力水平，以此为基础，设定略高于学习者当前水平的项目目标。

3. 构建真实的情境

在项目式学习中，学习者置身于一个由驱动性问题引领的真实情境中，项目学习鼓励他们利用手头一切资源去寻求解决方案。在这一理念下，博物馆项目式活动同样以驱动性问题为核心展开。学习者能否将所学知识付诸实践，关键在于所提出的问题是否真实且具有针对性，是否能够与博物馆的当前展览和特色紧密结合。为了营造真实的学习情境，我们需要充分发挥博物馆的独特优势。首先，博物馆拥有丰富的展品资源，可以为学习者提供一个直观、生动的学习材料。其次，博物馆的专业人员可以为学习者提供专业的指导和解答。他们丰富的经验和深厚的专业知识，能够为学习者提供有价值的建议和指导，帮助他们更好地开展项目式学习。博物馆作为社会的缩影，为学习者提供了独立于学校之外的"第二课堂"，在这里，学习者可以亲身感受历史的厚重、艺术的魅力和科学的奥秘。

4. 注重项目成果的生成

在博物馆项目式学习中，我们不仅关注学习者在真实情境中的学习过程，还特别强调项目成果的生成。这不仅是学习者知识和技能掌握程度的体现，更是他们创新思维和问题解决能力的展现。在博物馆项目式学习中，学习者通常需要围绕一个或多个驱动性问题，进行深入的探究、分析和实践。他们需要通过团队合作，利用博物馆的丰富资源和专业指导，完成一系列的研究任务。这些任务可能包括文献查阅、实地考察、数据分析、实验验证等，并最终形成项目成果。其形式可以多种多样，既可以是研究报告、展览设计、模型制作等传统形式，也可以是数字化产品、视频短片、社交媒体推广等现代形式。

无论呈现何种形式的项目成果，其皆应具备以下几个特点。

（1）创新性和独特性。学习者需要在深入理解问题的基础上，提出自己的见解和解决方案，并通过项目成果展现出来。这种创新性和独特性不仅能够体现学习者的创新思维和问题解决能力，还能够为博物馆展陈带来新的视角和思考。

（2）实践性和可操作性。学习者需要通过实践来验证自己的解决方案是否可行，并在实践中不断完善和调整。这种实践性和可操作性不仅能够增强学习者的实践能力，还能够为博物馆建设提供有价值的建议和意见。

（3）可展示性和可传播性。学习者需要将自己的项目成果展示出来，让更多的人了解和认识他们的研究成果。这种可展示性和可传播性不仅能够增强学习者的学习体验和学习兴趣，还能够为博物馆吸引更多的参观者和关注者。

以三星堆主题博物馆项目式活动为例，某项目式学习组在深入探究三星堆展览后，以三星堆文化为灵感，设计出了各种文创产品，如别具一格的三星堆主题服饰等。在这一过程中，学习者不仅需要搜集三星堆文物的基础信息，还需深入分析其独特的审美符号，并撰写详尽的说明书，对文创产品的基本信息、颜色搭配、材质选择以及使用方法等进行详细阐述。学习者通过这些实践活动，不仅成功设计出了文创产品，还加深了对三星堆文化的理解，感受到了中华文明的博大精深，从而产生了强烈的民族自豪感。

5. 加强项目式学习的评价

学习评价在项目式学习中具有举足轻重的地位。因此，在项目式学习理念的指导下，博物馆项目式学习评价趋向于多元化、个性化。

项目式学习的评价原则主要包括以下几个。

（1）多维度评价原则强调从多个维度对学习者的学习成果进行全面评价，包括知识掌握、技能运用、情感态度等，以全面反映学习者的学习状况。

（2）多主体评价原则注重评价主体的多元化，包括教师评价、同伴评价、自我评价等，以确保评价的客观性和公正性。

（3）全过程评价原则关注学习者在学习过程中的表现和发展，强调对学习者在学习过程中的思维活跃度、参与程度、合作能力等方面的评价，以更好地了解学习者的学习需求和发展潜力。

9.5 游戏化学习

9.5.1 什么是游戏化学习

游戏化一词起源于数字媒体领域，自2002年诞生以来，逐渐受到了关注。到了2011年，基于教育游戏的发展，游戏化学习的概念首次被提出，它是将游戏的元素应用于非游戏的情境中，以此来激励学习者。自此之后，这一概念迅速传播开来，并得到了众多学者的认可和补充。

在游戏化学习的定义中，有两个核心词汇："非游戏化情境"和"游戏元素"。学者们普遍认为，游戏化学习是指在非游戏情境下运用游戏元素的过程，其主要目的在于将原本枯燥、单调、乏味的学习过程变得生动有趣，从而激发学习者的学习兴趣并促使他们找到学习动力。

9.5.2 游戏化学习的应用价值

在博物馆中进行的"游戏化"学习，可以将纯粹的"参观"变成一种有趣的"游戏"，学习者可以通过"互动""交流""协作"来达到学习目的，获得学习体验。游戏化学习在博物馆学习中展现出了巨大的价值，它以其独特的魅力，为博物馆教育注入了新的活力。

1. 激发学习动机

游戏化学习中的关键一环是激发学习者的动机。相较于传统学习方式中可能产生的厌烦与逃避心理，游戏化学习能让学习者全身心地投入，享受过程，甚至忘却时间的流逝。正是这种独特的游戏机制，引发了众多学者对其深入研究的兴趣，他们希望通过游戏化手段将教学目标及设计策略巧妙地融入学习过程,从而点燃学习者的学习热情。多项研究已经证实,游戏化学习相比传统学习方式更能调动学习者的主观能动性。

2. 强化手眼协调

游戏化学习不仅能帮助学习者获取知识,更能锻炼其手眼协调性。在游戏过程中,学习者会不断面临新的挑战,需要手眼配合与大脑的灵活运转来完成任务。同时,通过掌握游戏规则,学习者的总结概括能力也能得到锻炼,而游戏中的资讯信息处理则有助于培养其多线程任务处理能力。

3. 培育高阶技能

游戏化学习被视为培养学习者高阶能力的重要途径。这些高阶能力主要包括以下几种。

(1)问题解决能力。游戏化学习充满不确定性和层层关卡,要求学习者通过思考和记忆来解决问题,获取知识。而问题解决是一个复杂的过程,涉及学习者的多方面基础能力,如准确理解和描述问题、合理应用学习工具、规划和执行计划等。

(2)团队协作能力。许多游戏化学习活动要求学习者通过角色扮演与他人合作,游戏结束后分享学习经验,共同探讨心得,从而培养团队协作能力。

(3)创新能力。在游戏化学习过程中,学习者通过不断探索和挑战达成目标,这种不确定性和未知性反而能激发其想象力和创造力。

4. 促进价值观形成

游戏化学习可以为学习者提供一个独特的环境,让他们在游戏中体验、思考和探索,从而逐渐形成和巩固积极的价值观。首先,游戏化学习中的情境模拟和角色扮演机制可以让学习者在虚拟环境中体验不同的社会角色和道德选择。其次,游戏化学习中的团队合作和竞争机制可以培养学习者的协作精神和竞争意识。最后,游戏中的竞争元素也可以激发学习者的斗志和进取心,让他们更加努力地追求个人和团队的目标。这种协作与竞争并存的氛围有助于学习者形成健康、积极的心态和价值观。

9.5.3 博物馆学习中的游戏类型

博物馆中的学习游戏形式丰富多彩,通过互动与娱乐的方式,能为学习者带来更为深刻的学习体验。以下是几种常见的博物馆学习中的游戏类型。

1. 寻宝游戏

这类游戏巧妙地设置线索和提示，引领学习者在博物馆的各个角落寻找特定的展品或信息。学习者在参与过程中，不仅需要细心观察、积极思考，还要解决一系列谜题，以揭示隐藏的宝藏或解答令人费解的难题。

2. 角色扮演游戏

这类游戏允许学习者在博物馆的特定展区中扮演历史人物或特定角色。通过参与模拟活动或完成特定任务，学习者能够身临其境地体验历史，深入了解各个历史时期的文化、生活和习俗。

3. 互动式展览

学习者可以通过触摸屏、传感器等现代设备，与展品进行直接互动，获取更多关于展品的详细信息。

4. 拼图和解密游戏

拼图和解密游戏也是博物馆中常见的游戏形式，它们通常涉及展品的图像或信息。参与者需要根据提示或线索，将拼图完整拼合或解开复杂的密码，以揭示更多关于展品的故事或信息。

5.虚拟现实游戏

借助虚拟现实技术，博物馆可以为学习者提供沉浸式的学习体验。学习者可以穿戴虚拟现实设备，进入虚拟的博物馆环境，与虚拟展品进行互动，甚至参观那些无法实地参观的遗址或古迹。

9.5.4 博物馆游戏化学习的组织策略

1.明确目标参与人群，注重全面分析需求

游戏是人的一种本性，也是一种非常重要的行为。游戏化学习的参与对象已经不再限于中小学生，目前很多的游戏化学习项目都以幼儿、高职学生、成人甚至是老人、残疾人为主要的参与群体，其受众具有明显的差异性。因此，在进行博物馆游戏化学习设计时，必须先确定活动的目标参与群体，综合分析他们的身心发展特征、兴趣爱好、知识储备、学习风格、参与目的以及以往的游戏经历，以便满足有针对性的、分众化的学习与发展的需要。

2. 合理规划学习内容，注重跨越学科统整

在确定了目标人群的基础上，对游戏化学习内容进行合理的规划与筛选。由于博物馆涉及的知识种类繁多，在进行博物馆游戏化学习项目的设计时，其学习内容不应该只限于某一种学科知识，应该包括社会、人文和自然等多个领域的广泛知识。

3. 强化游戏与知识的融合，注重创新游戏形式

博物馆游戏化学习的活动设置，不是在游戏中简单嵌入知识点，而是要实现游戏机制与知识体系的深度融合，使学习者在游戏中自然地吸收和掌握知识。

4. 关注学习方式的创新，强调交互性与趣味性

设计博物馆学习游戏不仅要注重知识传递的效率，更要强调学习过程中的交互性与趣味性。引入虚拟现实、增强现实等现代技术，可以让学习者能够身临其境地参与游戏，与展品进行互动，从而提升学习的沉浸感和体验感。

不同的学习方式有各自的特点，有不同的适用场景与使用价值。在博物馆学习活动开展过程中，活动实施者应充分考量博物馆的类型及其学习活动的特点，不拘泥于某一种学习方式，综合使用不同的学习方式，最大限度地发挥博物馆的育人功能。

第10章 博物馆学习的学习行为

与学习方式比较起来，学习行为是博物馆学习样态中更为具象性的概念。研究博物馆学习中的学习行为，能帮助学习活动组织者在对典型学习活动与主要学习方式准确把握的基础上，找到更具操作性的实践指引。博物馆学习包含的学习行为，以及学习活动组织者对学习行为的组织，两者合二为一，共同构成学习的过程。博物馆学习作为一种非正式学习的样态，探索基本学习行为是这种样态构建研究的必要环节。

行为视角的研究强调对学习者在博物馆中的具体行为和互动过程的观察和分析。通过观察和记录参观者在博物馆中的行为，可以深入了解他们的学习方式和习惯，揭示他们在博物馆环境中的学习机制。这种研究有助于更准确地评估博物馆教育活动的有效性，并为优化展览设计和提升学习体验提供科学依据。同时，通过深入研究学习者的行为和互动过程，可以发现博物馆教育中存在的问题和不足，有助于博物馆教育工作者更好地理解学习者的需求和期望，从而设计出更加符合学习者特点和兴趣的教育项目和活动，并且有助于博物馆教育的创新。行为视角的研究还有助于揭示博物馆学习与正式教育之间的关联和互补性。博物馆作为一个非正式教育场所，其学习方式与学校教育存在显著差异，它更加注重学习者的沉浸式体验和探索发现，这种互补性使得博物馆学习成为学校教育的重要补充和延伸，有助于提升学生的综合素质和综合能力。同时，通过行为视角的研究，可以发现博物馆学习在某些方面与正式教育具有共通之处，如对观察、探究、提出问题和解决问题等能力的培养。

10.1 博物馆学习是一种非正式学习

10.1.1 传统学习理论

传统学习理论主要包括行为主义学习理论、认知学习理论、人本主义学习理论。行为主义理论认为学习结果是使有机体形成"刺激—反应"的联结。学习过程就是通过不同方式建立刺激与反应的联系。行为主义心理学家们注重学习的外部条件，强调外部环境与教育对人的决定性影响，将人的学习与动物的学习等同起来。这不能全面反映出人类学习的本质。认知学习理论强调学习是通过对情景的领悟或认知而形成的认知结构实现的，主张研究学习的内部过程和内部条件。人本主义学习理论强调人的潜能、个性与创造性的发展，强调把自我实现、自我选择和健康人格作为追求的目标。人本主义心理学者主张教育、教学应当充分发挥学生的选择性、创造性。笔者认为这一主张是正确的，但认为这些心理特点都是先天的潜能而忽视社会和文化环境的决定作用，则是一种片面强调遗传决定发展的观点，是违背人的发展的客观现实的。博物馆的学习样态受传统理论的影响，要吸收它们各自的优点，但在吸收时也必须正视其不足。

10.1.2　学习理论的拓展

建构主义学习理论认为学习是人的认知发生变化的过程，故分析学生的认知是对其学习发生机制的深入解读。与被动地接受信息刺激不同，学习的目的在于主动地建构意义，即根据自己的经验背景对外界信息进行选择、加工和处理，从而获得意义。外部事物本身并无任何意义，意义是学习者在新旧知识经验的双向互动中建构起来的，这个过程被视为认知过程。建构主义学习理论认为，人的行为并不是直接对现实的物理世界进行反应，而是受到了一系列基于社会文化情境形成的工具的调节。在个体学习的过程中，这些工具可以是实体的（如书本、展区、视频等），也可以是概念性的（如语言、学习动机、故事等）。从这个意义来讲，学习并非简单的"刺激—反应"的模式，而是思考、反思、操作、实践、分享等相互整合的过程。

学习是生命有机体存在和发展的根本所在，有着多种且非常不同的过程，诸如行为主义、人本主义、精神分析学派、社会建构主义、文化历史学派等相互争鸣的学科派别都提出过有相当解释力的认识和观点，因此，很难寻找到一种所谓的基础性学习形式或学习过程。[①]

10.1.3　非正式学习是学习的重要组成部分

虽然人们普遍认为学校是人的一生中获取信息和学习知识的重要场所，但事实上，

---

① 克努兹·伊列雷斯. 我们如何学习：全视角学习理论[M]. 孙玫璐，译. 2版. 北京：教育科学出版社，2021.

有研究者指出学龄期儿童约有79%的时间在进行非正式学习，个体的整个生命周期中有近90%的时间处于非正式学习情境之中[1]。在职业发展中，个体70%～80%的职业技能来源于非正式学习。[2]超越正式课堂的非正式学习情境涵盖面很广，它可以发生在课后的同伴交流中，发生在家庭教育中，发生在科技馆、天文馆、动物园、水族馆、地质公园、历史博物馆等场馆中，也可以发生在个体进行社区志愿服务、专业社会实践等活动中，还可以发生在各种工作场所中。[3]

随着现代科学技术的发展，特别是人工智能的飞速发展，很多简单、重复性的劳动会被人工智能所取代。因此社会对创新型人才、高端技术人员的需求提高了，也对教育提出了新的要求。教与学不再是简单的知识、技能的传授与接收，而变成了教师引导下的学习者自主建构知识与技能的过程。教育也不是局限于学校场域的阶段性的活动，而是发生于学校、家庭、社会所组成的教育生态系统中并贯穿于人的整个生命历程的活动。因此非正式学习是学习的重要组成部分。

10.1.4 博物馆学习具有非正式学习的特点

从知识论的角度来看，正式学习往往把知识看作是惰性的、抽象的和具有普适性的，而非正式学习强调了知识的变化性和可建构性[4]。从学习论的角度来看，正式学习更大程度在认知层面强调了个体对知识的记忆、加工和理解，而非正式学习不仅仅从认知和心理层面强调个体对知识的建构，更把非正式学习理解为一种文化性和社会性的活动，是一种社会知识的创造过程[5]。从教学论的角度来看，正式学习往往体现了知识传递、结构化教学、教师引导为主、以书本为载体等特征，而非正式学习更多表现出内隐性、自主性、情境性、互动性、灵活性和非结构性等特征，体现了学习者的主观能动性。[6]博物馆学习是一种基于博物馆展陈信息的知识创造过程。这种知识是内涵于个体

---

[1] AIEXANDER, P.A., WINNE, P.H. Handbook of educational psychology[M]. 2nd ed. New York: Rouledge. 2006.
[2] 余胜泉，毛芳.非正式学习———E-Learning研究与实践的新领域[J].电化教育研究.2005（10）：18-23.
[3] 季娇，伍新春，青紫馨.非正式学习：学习科学研究的生长点[J].北京师范大学学报（社会科学版）.2017（1）：74-82.
[4] HOOPER-GREENHILL, E.. Leaming outcomes in museums, archives and hbraries: the learning impact research project [J]. International Journal of Herioage studies 2004，10（2）：151-174.
[5] FENWICK, J. Tides of charge：new themes as questions in workplace leaming[J]. New Dieections for Adult and Fducation. 2001（92）：3-18.
[6] 季娇，伍新春，燕婷.探索职前科学教师专业发展的新途径——非正式学习情境的促进作用[J].课程.教材.教法. 2014（3）：106-112.

的，而不完全是指公共性知识的创造，是博物馆公共知识向学习者个人知识的深度转化，它有赖于学习者视学习过程为复杂情境中的智性活动与生命冲动。因此，不管是从场所，还是学习方式、学习特点来看，博物馆学习都是一种非正式学习的样态。

10.2 博物馆学习的学习行为

10.2.1 观察

观察的本义是指仔细地察看事物或现象。在博物馆学习中，观察的内涵当然有仔细察看展品和展品的摆放方式、环境的布置等内容，但不仅限于此。在博物馆学习中，参观者是带着自己个性化的知识和生活经验进入其中的，观察不仅是对博物馆环境、展品的细致察看，更是带着知识经验和生活经验的审视。在博物馆学习中，真正有效的观察具有目标性，其观察的对象、角度、方法因观察目的不同而应有所变化。

10.2.2 阅读

一方面，阅读是指参观者阅读博物馆中的各类文字信息，如展品的相关标识和说明文字、有关展览主题的介绍、背景的介绍等。另一方面，阅读是指在博物馆学习中，学习者对感兴趣或是不理解的问题进行有针对性的资料、文献、文本的阅读。前者的阅读主要是由博物馆环境和展品布置带来的，是一种偏向被动的阅读形式。后者则是学习者主动探寻的内在驱动和行为表现。学习者的阅读可能是有指向性的，在博物馆学习中产生了某种疑问，围绕它查找相关资料，寻找答案。这种阅读也可能是比较宽泛和缺乏目的性的，只是某个展品或者某个主题引发了学习者的兴趣，于是进行的较为宽泛的涉猎式阅读。

10.2.3 倾听

倾听在博物馆学习中起到的是信息输入的作用。一方面，倾听是指倾听博物馆讲解员的讲解。博物馆学习组织者应针对不同学习者提供适宜于他们的讲解内容与形式。很多的博物馆参观者是青少年学生，博物馆应为他们提供更加具有趣味性、情景化的解说。另一方面，倾听也是指听博物馆的讲座内容。博物馆应当注重提供更加有内涵、有意义、有吸引力的讲座。在博物馆学习团体中进行交流，倾听来自同伴的思考。来自同伴的思考也能很好地启发学习者。

10.2.4 操作

因博物馆学习的特殊性，很多展陈与我们的生活相去甚远。如何才能让学习者更加深入体会展陈的意义，这就需要引入学习者的亲身体验。现代学习理论十分强调学习者的充分参与、动手实践，这样可以使学习更加深入。博物馆学习组织者理应设计更多的操作式活动，比如参观完印刷术和造纸术的相关展览后，让学习者可以亲自操作，经历造纸、印刷的过程，在操作中进一步内化知识，拉近学习者与历史文化的距离。

10.2.5 交流

博物馆的展品是学习得以发生的基础，但并不是参观、倾听了就能自然而然发生学习行为。对家庭参观者的研究表明，博物馆中的学习是通过解释性的对话作用于最后学习结果的。也就是说学习者只有在与展品、与同伴、与其他社会人士的交流过程中才能更好地进行意义的建构。要避免单纯的走走看看，过眼不过心，或者有疑问也不去探究，学习也就无从谈起。交流一方面是指学习者之间的交流。博物馆学习者可以根据年龄、兴趣等组成小组，在组内对某个问题进行交流探讨。在观点的交流与思维的碰撞中获得知识经验的增长和积累。另一方面，博物馆学习是开放的，因此交流也可以是学习者与某个领域专家、学者的交流。在研究过程中遇到无法解决的问题，应当有相应的支持系统，让学习者能与相关专家、学者进行对话。

10.2.6 探究

博物馆学习中的探究是一种深入、系统的学习行为，它鼓励学习者通过观察展品，对观察到的现象产生疑问，然后联系先前所学知识或具体情境提出问题、做出假设，搜集信息、验证假设、建构新知识，并在新的环境中应用新知识、发现新问题。亨德森和阿森西奥探讨了以探究为基础的儿童博物馆背景下，儿童体验学习最大化的重要因素。研究发现，当儿童有机会从事基于游戏的探究时，学习效果最好。因此对于博物馆学习组织者来说，为儿童参观者设计游戏化的探究活动也是很有必要的。

10.2.7 发现

发现，一是指在信息整合中发现同一事物的共同特点或者不同之处，或发现不同事物的相同点；二是指发现事物变化规律或是事件发生和发展的规律；三是指学习者在探究过程中发现问题，产生疑问；四是指在探索过程中发现以前未曾注意的方面，萌发新的想法。在博物馆学习中，发现的主体是学习者，它倡导学习者在组织者的引导下，利用博物馆中的情境和各种学习材料主动地思考、独立地探索和发现知识。在此过程中，学习者不断地发现问题、探究问题、解决问题，实现自我知识经验的建构。这让博物馆学习成为一种更加积极主动和深入的学习样态。

10.2.8 创造

创造是学习者在参观、思考、提问、操作等过程中，将自己原有的思想观念与知识经验和新的信息进行交互，产生不同于以往的新的想法，或是创作出个性化的作品的行为过程以及该过程产生的结果。创造的过程是与探究、发现相统一的过程。有了探究与发现，才会产生一定的创造成果。创造的结果既有意识、理念上的，也有实物形态上的，包括学习者观念上的变化、新想法的产生，也包括技术、工艺、产品、方案、报告、文本、作品的呈现。博物馆学习的创造不一定是惊天动地的发现，或是前所未有的新发明，也可以是学习者产生的微小的思想转变，凝聚着学习者新思想结晶的小作品，或是某种技术或工艺的改进与翻新。这种更加具有包容性的观点，能够更好地激励学习者开展学习与探究活动。

10.3 博物馆学习行为的内在特征

如果说学习行为具有外显表征，那么体现非正式学习特点的博物馆学习不能仅关注形式化的行为表现，更指向"学习即知识创造"的深层学习，体现学习行为内在的五个特征。

10.3.1 深度理解

深度理解是指克服博物馆学习过程中常见的表面理解、简单理解，避免仅仅靠听讲解、看展品信息、填学习任务单等简单行为实现对表面知识进行占有的现象。深度理解是要走进博物馆展陈建立的系统知识的内在结构，对相关的展陈所涉知识进行完整地、深刻地把握，在对问题的研究中实现对人类文明发展有关历史与现实的思想与意义的追寻和理解。这一过程以对博物馆展陈中的基本知识的认识为基础，但超越对展陈知识的认知，是对展陈的内涵与意义进行认识。这种认识是对博物馆展陈相关话题的事物本质及其规律的把握，是对展品及其所在客观世界和现实社会的关系的辨析；是对展品承载的历史与现实蕴含的思想情感的感知和体悟。展品信息是外壳，思想、思维、情感、价值才是内核，学习行为只有真正切中了博物馆学习对象的内核，才能实现博物馆学习的真正价值。

10.3.2 高阶思维

如果说博物馆学习的底层逻辑是阐释的知识向自我创造的知识的转化，那么推动这种转化的重要依托并非简单的学习行为的发生，而是这些行为背后隐含的高阶思维。高阶思维是指发生在较高认知水平层次上的心智活动或较高层次的认知能力。[①]高阶思维是实现复杂问题、解决新问题的关键。按照布卢姆认知目标分类学的要求，应用、分析、综合和评价属于较高认知水平的高阶目标。高质量的学习一定是有较高认知水平的学习，具有理解和批判、联系与建构、迁移与应用等典型特点，应对劣构问题时应使用元认知、创造性思维等高阶思维活动。在博物馆学习中高阶思维重点表现为：基于展品信息及其背后关联性知识的概括总结、有效关联、推理论证、预测判断、设计验证、分析评价等。杜威从思维产生的过程角度阐释了"学习的历程"，如果博物馆学习的行为是一种显现的学习历程，那么思维的过程则是隐含的学习历程。

10.3.3 联通互动

博物馆学习以展品提供的多重信息加工为基础，一方面强调博物馆展品相关知识具有联通性，另一方面强调知识生成的互动性。博物馆展陈虽然一般会按照某种或时间或主题的逻辑组织呈现，但是对走进博物馆的学习者而言展品是散在的，而博物馆展陈所关涉的知识传递的效率需要依靠对其进行的整体性把握和结构性认识。博物馆学习要帮助学习者建立起对展陈主题知识的结构化、整体性认识，达到系统关联的目的。学习行为应该相互串联并构成具有整体性的学习活动，进而带动学习者对博物馆学习的对象的整体性、结构化认识，将散在的展品及其主题整合起来，成为关联性认识。关联性发生的越多，理解就越深刻。实现深度理解，借助博物馆学习行为帮助学习者对所涉知识形

---

① 钟志贤.如何发展学习者高阶思维能力？[J].远程教育杂志.2005（4）：78.

成联通性认识是关键。只有在学习行为发生的过程中不断强化信息与信息的相互关系，方能获得对博物馆承载知识的深刻理解。这种理解能够跃升为更高级的认识，进而实现知识在更大范围的迁移和运用。博物馆学习的组织者应在联通知识的基础上强调知识互动生成的特点，将博物馆的学习行为视为一种主客体的会话过程，开展人与展品及其背景的信息互动，实现学习过程的社会建构，进而重塑博物馆学习行为的全局观。

10.3.4 审辩与批判

审辩思维是一种判断命题是否为真或部分为真的思维过程，是一种典型的高阶思维形式。在审辩与批判过程中，既要运用公共知识中的基本原则，还要体现学习者在此过程中表现出的积极性、主动性与创造性。擅长审辩思维的人习惯考虑各种可能性，能够理解他人的想法。倡导深度理解与知识创造的博物馆学习，是一种探索与发现的过程，是寻找真相、寻求本质的过程，是发展审辩思维的过程。具有审辩思维的人会独立进行思考，不懈质疑，也就更具批判意识和能力。显然，博物馆学习中的批判并非单纯的否定，而是对博物馆展陈信息和自我的"双向质疑"，是一连串审问、慎思、明辨、决断的行为表现。拥有审辩与批判能力的人，在学习行为上具有以下特点：（1）善于提出疑问，并不断质疑；（2）擅长寻找信息和资源，并整合成有效论据，凭证据说话；（3）更能遵循恰当逻辑阐述自己的观点；（4）习惯性对自身进行反省，也能包容他人的意见，并能将其吸收成为合理的自我认识。

10.3.5 专家建构

所谓专家建构，就是在博物馆学习的过程中利用专家思维。在利用简单信息解决问题失败的时候，基于深度理解与广泛关联解决复杂问题以建构起知识与经验。这是一种应对复杂的、不可预测的社会情境的重要的认知性能力。博物馆学习不能仅仅停留于展品所承载的基本信息，应以能解决展品背后承载的复杂问题为目标指向。专家建构是博物馆学习行为内在的显著特征和形成的关键结果。它要求学习者能够利用博物馆获得的新知识重组自身的知识结构与价值理想，并从事具有专业性特征的学习与探究。有人会质疑对学习者谈博物馆学习中的专家思维、专家建构是否合适。关于这个问题，布鲁纳其实早就给出了答案，他认为"任何学科可按照某种正确的形式教给任何儿童"[①]。事

---
① 杰罗姆·布鲁纳. 布鲁纳教育论著选[M]. 北京：人民教育出版社，1989.

实上，专家思维本就应渗透在生活的方方面面。而博物馆就是要将其承载的人类文明成果以恰当的学习行为交给学生。博物馆学习就是去寻找这种恰当的形式，将观察、操作、探究、发现、创造作为学习的基本行为，而这些则恰恰需要相关的专家思维和专业方法。毕竟"人的生活与其他生物的生存真正具有决定性的区别之处就在于人的生活是创造性的，只有创造性才能使人的生活具有不可还原的意义，才能标明人的存在身份。"[1]

10.4 博物馆学习中促发学习行为的要素

10.4.1 场域及展品

澳大利亚博物馆学家琳达·凯利认为真实对象及鲜活展品能促进学习，因此具有文化底蕴或是能更好反映时代特征的展品更能激发参观者的学习激情。博物馆应该创造出利于学习的环境，如在展品的摆放与安排上有主题、有意义，有一定的内涵和创新，能吸引学习者不断深入参观和学习。同时展品和相关的项目以及活动设计也应有明确的指示标志与操作说明，设定清晰的学习目标和透明的学习规则，让学习者知道自己该做什么、如何做。此外，还要充分考虑不同学习类型学习者的需求，提供全方位、多感官的学习体验。除了博物馆展厅与教育空间外，纪念品商店等辅助功能空间也可以设计新颖有趣的学习体验，成为博物馆教育环境的延伸。比如可通过一些答题游戏或者操作体验来获取奖品，这些活动其实是对博物馆学习的再次巩固。各种纪念品本身也是对博物馆展品的再次呈现。纪念品的摆放可与博物馆展陈相呼应，纪念品的包装以及相关说明也可以再现展品的相关知识。

10.4.2 情境

博物馆学习中的情境是一个多维度的概念，它涵盖了物理情境、社会情境以及个人情境等多个方面。

物理情境主要指的是博物馆的建筑空间、展品布置以及展览设计等因素所营造出的学习环境。建筑空间如博物馆的建筑风格、空间布局、光线照明等，都会影响到学习者

---

[1] 徐继存.教学的价值自觉[J].课程.教材.教法.2018，38（12）：73-79.

的学习体验。宽敞明亮的展厅、合理的展品间距、舒适的参观路线等，都有助于学习者更好地观察和思考。展品布置如展品的摆放方式、陈列角度、标签说明等，也是物理情境的重要组成部分。通过精心的布置和设计，展品能够更生动地展示其历史背景、文化内涵和科学价值，从而激发学习者的学习兴趣和探究欲望。展览设计如场景还原、声光电等现代科技手段，为学习者创造出更加逼真的学习情境。例如，在讲述古代文明的展览中，可以通过模拟古代建筑、生活场景等方式，让学习者仿佛置身于那个时代，更加深入地理解和感受历史。

社会情境则是指博物馆中人与人之间的互动关系以及社会文化氛围等因素所构成的学习环境，包含人际互动和文化氛围。

个人情境则是指学习者自身的心理状态、认知水平、兴趣爱好等因素所构成的学习环境。

如何使学习者快速沉浸到博物馆学习之中，则需要博物馆学习组织者基于博物馆的展陈甄选构建具有发展性意义的情境。这种情境以博物馆展品构建的相关知识与该领域基本的认识逻辑为基础，以待验证的假设或待探究的问题为工具，同时需要考虑学习者的认知水平、兴趣爱好，使之有助于学习者之间的交流互动。学习者进入博物馆的情境就是进入了庞大的知识容器之中，在亲身体验与探究中寻找知识的内在联系，进而实现对事物本质的理解与迁移。

10.4.3 问题

问题是学习者对博物馆学习内容的核心表达和有力驱动。它不仅关注解决问题，还关注如何在博物馆展陈构建的庞杂系统中发现问题，发现问题是对博物馆构建的真实情境的关注、价值的坚守、知识的深刻关联、逻辑的熟练运用。

博物馆的问题与课堂上的问题有着典型的区别，它是基于现场实物和立体展品的问题。美国太平洋科学中心的丹尼斯·施马尔茨认为，博物馆里"正确"的问题是以下几类问题。

1. 引发学习者即时反应的问题

引发学习者即时反应的问题通常与学习者的视觉或感官元素有关，例如线条、颜色、光线、比例、构图等，这些提示都将鼓励学习者在观察和发现时调动五感，使自己置身于场景中，获得丰富的体验和感觉。

2. 引发思维冲突的问题

引发思维冲突的问题强调思维的碰撞和冲突，要求学习者思辨和对比，调动他们的大脑思考。譬如：唐朝和清朝的瓷器有何不同？为何不同？此类物品，在人类历史上起到了何种重要的作用？

3. 激发真实表达的问题

博物馆学习的特点之一是真实性学习，是在真实的物品和场景前获取真实的体验和经验。因此要通过提问鼓励学习者说出自己真实的体会和感觉。例如：你观察到了什么？你对什么感兴趣？你为什么对这个感兴趣？你注意到这个物品有什么特点吗？

4. 从个人经验中得出的问题，而不是抽象的问题

博物馆学习组织者要鼓励学习者围绕展品联系生活，把所思所想表达出来。例如：我们可以在生活中看到此类物品吗？这件物品是如何影响今天的生活的？

5. 具有开放性的问题

开放性问题通常没有固定答案，而且并不仅仅局限于或者指向某个特定的群体，具有包容性。这样的问题更能启发学生的思维。例如：在参观过程中，有哪些展品或活动给你留下了深刻的印象？为什么？你认为博物馆所展示的文化遗产对当今社会有哪些影响或启示？

6. 激发好奇心，驱动探究的问题

好的问题会将学习者的探究和批判性思考与博物馆藏品以及单元计划主题联系起来，会一直驱动学习者学习和探究。例如：服饰博物馆里的"一位生活在200年前的年轻人的衣服和装饰品，如何反映当时的经济和生活方式？"航海博物馆里的"不同航海器里的仪器是如何导航船舶航行的？"

10.4.4 任务

博物馆提供多种互动和参与式的学习任务，如导览讲解、实验体验、讨论探究、互动游戏等。这些任务使学习者能够主动参与其中，与展品和知识进行直接互动，从而更深入地理解和掌握知识。博物馆学习中的任务设计应该从核心问题出发，设计核心任务，并将核心任务分解成一个个的子任务，学习者按照任务的要求有序地学习。在学习者初次进入学习环境时，问题和任务的设计可以由博物馆工作人员承担，当学习者熟悉这样的学习流程后，学习问题和任务就可以交由学习者自行设计。

10.4.5 同伴

建构主义学习理论认为学习具有社会互动性。学习者的学习行为是在一定的社会环境下发生的，学习过程注重人与人之间的互动与协作。维果茨基指出，儿童在与知识能力比自己更强的同龄人或是年长者之间开展互动性的学习活动。在合作学习的过程中，同龄伙伴的思维会潜移默化地对儿童产生影响。因此，在博物馆学习中，同伴的影响也是十分重要的因素。博物馆学习组织者可以按照年龄、学习程度、学习兴趣等给学习者组建小组或者团队，组织团体活动。学习者可以在团体中分享学习体会。此外，博物馆也可以利用导览人员善于沟通的优势，使他们成为团队内部、团队之间对话的促进者。值得注意的是，博物馆面对不同文化背景的群体，要做到平等对待，避免文化冲突。

10.4.6 师长

对于学习者来说，博物馆学习中师长也常常是引领者和鼓励者。师长可以参与博物馆学习，加入学习者团体，利用自己较为丰富的学习经验去引导学习者的学习行为；在学习者遇到问题和困难时提供一定的建议和帮助，给予一些方法的指导、情感上的支撑和鼓励，帮助学习者进一步维持学习行为；保护学习者的求知欲，肯定他们的思维火花，激励他们朝着更深的学习领域进行探索。

10.5 学习行为的发生

澳大利亚课程理论家诺尔·高夫指出："复杂性使我们对那些线性思维的、可控制和可预测的教育模式保持谨慎。如果我们把教育理解为一个复杂系统，这时我们需要注意在'输入'（政策、课程、教育学）和'输出'（学习、认同）之间的差距，因为这种'差距'处于突显的位置，而不是可以用正确的知识进行'填充'的。从复杂理论的角度看，知识和理解不是事先存在的并且于教育中呈现和表现的'客体'，而是通过教育过程突显的。"[1]博物馆的学习样态就是要构建这一复杂过程，通过有效设计和积极变通，实现博物馆中的真实学习。郭元祥教授指出，我国基础教育课程改革需要建立起新

---

[1] 韦冬余，焦方瑞，尚金兰. 理解课程改革的复杂性——"中国传统文化、复杂理论与课程改革国际研讨会"综述[J]. 全球教育展望，2010，39（12）：89-93.

的课程观，这种课程观应该包括四个方面的内涵：儿童是课程的主体，生活世界是课程内容的范围，课程是儿童通过反思性、创造性实践建构人生意义的活动，课程的学习活动方式以理解、体验、反思探究和创造为根本。[1]这一观点为博物馆学习的具体行为及其发生的基本过程提供了框架，这一过程并非对学习行为进行简单的排序，而是用要素化的方式对学习行为进行选择、组合、调整，进而构建起一个具有复杂性的行为系统。

10.5.1 博物馆学习的过程性

1. 博物馆学习是开放的过程

博物馆学习应以博物馆开放而丰富的课程资源为前提，与学习者生动的经验和丰富的情感相结合，学习系统应具有开放性，学习的行为和结果均具有"适量"的不确定性、差异性、异常性，甚至无效性。这需要以博物馆中大量开放性的资源为前提。这一过程的复杂性、缓慢性、非线性是递增的，是一个反复调适、可能跃进的过程。这一过程是复杂的互动过程、对话过程、问询过程、交往过程。在此过程中，博物馆学习是一种动态的、持续不断变化的互动，不是线性回归的。它应该包含复杂性课程理论所指出的对话与回归两个重要部分，而这两个部分在一个相对开放的系统中方能实现。因此，要避免将走马观花与简单信息的搜集当成主要的学习行为。

2. 博物馆学习是主客体双向对象化的过程

所谓主客体双向对象化是指学习活动的主体和客体在发生对象性关系和对象性活动中的相互转换、相互实现、相互渗透、相互创造的关系。人在改造客观世界的同时也在改造自己的主观世界。[2]在主客体双向对象化的过程中，学习者会根据预期目的对自身的经验结构进行调整、改造与丰富，使自身素养得以形成与提升。博物馆学习的学习过程需要表现出主体活动的两个关键特征：一是学习者学习行为的主动发生来自自身需要，二是学习行为是在过程中自我调节控制的。只有这样才能实现学习主体与客体的双向对象化，进而实现外在客体内化以及主体心理结构素养化。

3. 博物馆学习是身心共在的过程

博物馆学习不能是学习者对博物馆展陈的简单注视，应该是学习者对博物馆展陈投

---

[1] 郭元祥.课程观的转向[J].课程.教材.教法，2001（6）：11-16.
[2] 陈佑清，曹阳.能动参与文化性活动：学生素养发展的基本机制[J].课程.教材.教法.2018，38（12）：80-87.

入思考、情感的积极行动。学习过程中，学习者不仅要发现并解决问题，还要开展一系列的学习行为，包括且不限于分析原因、自我审视、反思过程、评价结果、改进提升等。这些行为不仅关乎学习者的认知发展，还关乎学习者的个性特征、情感态度、处事方式。博物馆学习应关注身体与博物馆空间、身体与心智、身体与文化环境存在的典型关系，让学习行为体现具身性。博物馆空间应具备"转换"能力，将展品以学习材料的方式有序地、有焦点地呈现在学习者面前，并鼓励学习者身体状态与心理表征在博物馆空间中相互映射而衍生出意义。这一过程表现出的身心共在的特点，打破了博物馆学习作为单纯认知活动的桎梏，让博物馆学习走向"具身性"。在此情况下，博物馆的学习行为不再是单纯的认知活动，而转变为有机体与博物馆展品、环境交互作用的过程。在博物馆学习中，学习者的学习行为要带动身体的系统性参与，而不只是视听或触觉的参与。博物馆应充分利用儿童学习者善动的行为欲望，促进其用身体介入博物馆环境，建构"博物馆世界与我"的关系。此时的博物馆展品、环境不再是学习者认知加工的对象，而是一种格局、一种框架，儿童学习者在其中受到形塑，又同时改造着这个框架，实现"身心共在"。

10.5.2 学习行为的阶段

在具有复杂性的学习行为中，学习行为超越了常见的看、听、做、写的显性和线性特征。具体而言，它包括以下阶段：博物馆展品形成的迷思概念、冲突与困境——与学生已有经验产生的认知冲突——寻求办法——通过整合博物馆相关展品信息经历理解、分析、验证的循环过程——基于博物馆展陈的实证修正错误并引发新思——解决问题、获得新知并产生自我反思。在这一过程中，学习行为的发生突破了传统意义上博物馆展陈构建的时空顺序，不再是线性的参观式的流程，而要依托博物馆展品形成的问题与任务形成复杂的问题解决与实践探究过程。这一过程不仅是学习者关于博物馆的知识的产生与积累，更是将探究过程、反思过程与"返向自身"的剖析过程全面整合并揭示出来。这一过程表现出一种"返向自身"的性质，将博物馆学习中的学习行为置于"客观位置"进行观察、分析、解释与评价，表现出了学习行为的精神品格，是一个透过事物的表象、经历理性探索、伴随着意志品质的考验，并最终创造新知、认识自我。这一过程并非一种特定的博物馆学习行为模式，而是一个复杂行为系统，是个体对博物馆学习情境的复杂性的行为应对，是一种博物馆学习样态的过程刻画。这种刻画体现了自组织运行机制的一种实践策略。这一自组织运行机制所引发的学习行为是处于主动与被动之间的，既非对博物馆展陈构建的外部力量的简单被动反映，也非学习者完全内部的主动决定，而是在博物馆学习的复杂系统中多个要素相互制衡的结果。这也符合皮亚杰所言"自动调节"的含义。在这一过程中，学生的学习行为始终处于主动与被动之间，并包含了如下关键点。

1. 阐释与表达

复杂课程理论强调"不确定性"，但并不意味着怎样都行。不确定性是对可能性的一种承认。博物馆学习的最终结果导向何处，则依赖于过程中相互作用的结果。这一结果应具有阐释性（即对可能性）的描述。根据复杂课程理论，严密性是通过不确定性和阐释性的组合形成的，是对不同过程与结果搭建的沟通渠道。"阐释"即想象、建构、书写，作为一种内生的范式包含在特定的外在公共文化背景之中，表现为对意义的探寻。[1]因此，在博物馆学习中，应通过基于博物馆展陈形成的具有高阶思维调整的问题设计，促发学习者对相关问题、现象、本质等进行阐释，并将这种阐释用合理化的行为方式表达出来，包括但不限于学习单、研究报告、作品创作等。

2. 交流与合作

社会生活不仅和沟通完全相同，而且一切沟通都具有教育性。[2]专家思维与复杂性交往是学生核心素养浓缩的概括。[3]博物馆学习不仅是学生与博物馆展陈之间的交流，更要在深度理解与知识创造的过程中促成学习者专家思维和复杂性交往，充分引起学生参与的兴趣，促进学生的社会性交往，在复杂性交往中实现基于博物馆展陈的个体性知识的提炼和群体性知识的创造。因此，在组织博物馆学习活动时，组织者应有意识地建立相关领域专家、教师、志愿者、学习者等多主体的联系，充分激发多主体之间的交流、合作行为，大量设置合作性探究任务，推动学习者社会性学习行为的持续发展，构建具有复杂性的学习过程。

---

[1] 奈杰尔·拉波特，乔安娜·奥弗林.社会文化人类学的关键概念[M].鲍雯妍，张亚辉，译.2版.北京：华夏出版社，2009.
[2] 杜威.民主主义与教育[M].北京：人民教育出版社，2001.
[3] 张华.论核心素养的内涵[J].全球教育展望，2016，45（4）：10-24.

3. 创造与拓展

博物馆学习中的成果创造，并非单纯地创作某一种作品的行为。成果创作具有显性和隐性双重含义，前者包含形成某种结论、创作某种作品等，后者则指向学习者个人知识与经验、情感与态度的形成，并拓展至与之相关的领域甚至真实生活中形成文化理解与传承、问题发现与解决的知识与情感的基础。这一关键点不是用博物馆学习中获得的信息或结论完成学习中的简单问题，而是通过引入原始问题，实现博物馆知识的再次情境化、活化，通过一系列学习行为在创造个体知识的过程中进一步活化知识。因此，在博物馆学习中，一方面要关注学习者产生了何种显性的成果、怎样的学习行为能催生这种显性成果，还要促使其对成果的进一步阐释与表达，促发其进一步思考与探究行为；另一方面应从博物馆的历史与想象世界中跳脱出来，构建起博物馆展陈与现实生活之间的关系，将博物馆学习中获得的知识、经验、情感、价值等作为认识现实生活中相关现象、问题的基础，在关联性、拓展性的思考中，建立博物馆世界与现实世界的关系，让博物馆学习具有走向现实生活的价值。

4. 反思与内省

传统的博物馆学习强调教师基于学生行为的反馈与评价，忽视了学生自主的内省与反思行为。学习行为包含了"三种实践"：学习者不仅要与教学内容相遇、对话，与教室内外的他人相遇、对话，也不断与自身相遇、对话。[1]杜威认为经验本身并不能构成学习，只有对经验的反思才是学习。博物馆学习的过程中，获得知识仅仅是基础，还应关注学习过程中学习者通过对学习过程的反思与内省，进而建立的对知识与方法的深度理解，对自我与世界的深刻认识。因此，在组织博物馆学习时，组织者不仅要关注学习者学习参与过程中的外显行为，还要注重并积极引发学习者对学习行为深层次的反思。

反思与内省是主体性的重要表现，具体表现为在博物馆学习过程中，基于自身的问题、现状、环境等对自身的学习目的、学习方式、学习进程进行能动选择，对博物馆学习的结果进行自主评估。具体来讲，作为博物馆学习的组织者，应让学习者对学习过程中的学习行为进行记录，同时组织专题分享会、小组交流会等以促进学习者与他人的对话，让反思与内省行为发生。同时，应该将教师的反馈与评价转化为学习者的内省与反思，这样方可实现学习者的自我觉醒。

---

[1] 佐藤学. 教育方法学[M]. 于莉莉，译. 北京：教育科学出版社，2016.

第11章 博物馆学习中的评价

作为博物馆学习样态构建中不可或缺的一环，学习评价是形成学习目标、学习过程和学习结果完整闭环的关键。它不仅关乎衡量学习者在博物馆学习过程中的知识获取、能力提升和态度变化情况，还能促进博物馆教育资源进一步优化与利用，不断提升博物馆的育人效果。因此，构建博物馆学习评价体系，对于推动博物馆学习样态构建与博物馆学习质量的提升具有重要作用。

11.1 博物馆学习中的评价存在的主要问题

11.1.1 评价机制研究与应用不足

当前博物馆学习评价在学术研究领域尚处于起步阶段，缺乏深入的理论探讨和实践研究。由于评价机制不成熟，博物馆学习在实践中往往难以获得有效的反馈和指导，导致其在中小学教育体系中的地位和作用受到一定限制。因此，加强博物馆学习评价的理论研究和实践应用，是推动博物馆教育发展的重要一环。

11.1.2 学校与博物馆评价的衔接断裂

学校与博物馆在评价上的断裂源于标准、目标、资源信息及评价主体的多方面差异与隔阂。这也反映出当前人们对于非正式学习环境的认识不足。博物馆作为重要的非正式学习场所，其教育价值尚未得到充分认可和利用。为了实现学校教育与博物馆教育的有效衔接，需要构建一种跨界的评价体系，将博物馆学习成果纳入学习者的综合素质发展评价体系中，从而推动博物馆学习在学校教育中的普及和深化。

11.1.3 评价内容与方法表面化、单一化

现有博物馆学习的评价体系在内容和方法上表现出明显的表面化和单一化倾向。评

价内容多关注于用户的直观感受和体验，缺乏对博物馆教育深层内涵的挖掘和学习者深度学习过程的追踪；评价方法则过度依赖传统的问卷调查等手段，难以全面、客观地反映学习者的学习成效。为了提升评价的有效性，应在评价体系中引入更多元化的评价工具和方法，如观察记录、作品展示、学习日志等，以更全面地评估学习者的学习表现和博物馆学习的实际效果。

11.1.4 评价标准模糊与主体局限

评价标准的模糊性是制约博物馆学习评价效果的重要因素之一。由于缺乏明确的评价标准，评价结果往往带有较大的主观性和随意性，难以作为改进博物馆学习的有效依据。此外，评价主体的局限性也限制了评价的全面性和客观性。教师虽然具备一定的专业知识和经验，但他们的视角和判断可能受到一定限制，难以全面反映学习者的学习需求和成效。因此，需要建立更加科学、客观的评价标准，并引入更多元化的评价主体，如学习者、家长、社区成员等，以提高评价的准确性和有效性。

11.1.5 忽视非认知因素的评价

在博物馆学习的评价中，往往过于关注认知性学习任务的完成情况，而忽视了学习者在实践活动中的非认知因素参与情况。这种评价方式忽略了学习者在学习过程中的互动、协作，以及他们对待学习的态度、动机、意志等。由于缺乏对非认知因素的评价，导致博物馆的学习样态忽视了非认知因素的影响，未能体现与传统课堂学习之间的关键差异。

11.2 博物馆学习中的评价的基本理念

11.2.1 评价应依托具体活动和任务

博物馆学习中的评价应依托具体活动和任务，这意味着评价方法应当能够模拟和反映学习者在实际生活中面临的情境和要求。这种评价取向强调将学习者解决置于实际问题的场景中，侧重于考察他们在博物馆学习中所获得的知识、技能，以及对复杂问题的处理能力。这样的评价方式更能够反映学习者在博物馆学习中的实际应用能力，提高评价的实用性和可迁移性，使其更为贴近真实生活情境。这种评价理念有助于提升博物馆学习评价的真实性和实效性，使其更符合学习者在实际生活中所需展现的能力和素养。在此过程中提倡使用能够真实展现学习者学习和问题解决过程的档案袋评价、表现性评价、概念图评价等形式[1]。

11.2.2 评价应持续关注学习过程的发展

在博物馆学习中，评价应具备持续性特征，以关注学习过程的不断演进和学习行为的不断发生。评价不仅关注学习者最终达成的学习成果，更强调对学习过程中的行为、认知发展、能力进展、情感态度变化等进行系统性观察和记录。这一评价取向旨在深入了解学习者在博物馆学习中的学习行为、认知过程、能力发展、价值判断、意志品质等方面的持续性演变。通过持续关注学习过程，评价体系可以更灵活地调整学习活动与方式，并及时为学习者提供个体化的反馈，从而确保学习者在博物馆学习中获得全面发展。

11.2.3 评价的构建需要引入多元的评价主体

多元化的评价主体，可以更为有效地实现对学习者在博物馆学习中综合素养的全面、多层次评估。这种多元性不仅体现在评价主体的数量上，更体现在其角色的多样性和层面的广泛性上。

具体而言，评价主体应囊括学习者本身。作为学习的主体，他们的自我评价和同伴互评能够直接反映学习过程中的感受与收获；教育者，包括教师、学校管理者、博物馆工作人员等，他们能从教育目标、课程标准、专业领域要求出发，对学习者的学习过程与成果进行系统分析。此外，还可能包括其他相关方，如家长、社区成员等，他们的参与能够丰富评价的维度和视角。

通过构建多元评价主体体系，能够从不同角度、不同层面获取关于学习者在博物馆学习中参与程度、知识获取、能力发展以及情感态度等多方面的信息。这种信息的多元性和互补性，可以更准确地反映学习者在博物馆这一特殊学习环境中的整体发展情况。

---

[1] 王美.情境学习理论及其对博物馆学习设计的启示[J].自然科学博物馆研究，2021，6（4）：5-12+87.

11.2.4 根据博物馆类型、参观者特质等构建科学的评价机制

不同类型的博物馆有其独特的性质、收藏特色以及教育目标，由此决定了评价机制的构建应当有所区别。这不仅是一个策略性的选择，还是对博物馆独特性的尊重与凸显。具体来说，评价方法和标准应当紧密结合博物馆的具体特征，从而确保评价的针对性和有效性。

在开展博物馆学习评价时，我们必须充分考虑博物馆的种类，结合不同种类博物馆的学习目标开展评价。例如，自然历史博物馆注重自然科学知识的传播，其评价标准应侧重于科学性和准确性；艺术博物馆则强调审美体验和艺术教育，评价时应更加关注观众的艺术感知和审美提升；科技博物馆则可能更注重创新能力和实践技能的培养，因此其评价标准应体现这方面的特点。

通过这种差异性的评价取向，我们可以更精准地衡量不同类型博物馆的学习效果，并针对性地进行改进和优化。这不仅有助于提升博物馆的育人功能和文化传承价值，更能满足学习者多样化的学习需求，让博物馆的学习样态呈现出丰富性。

11.3 基于逆向设计的评价

11.3.1 逆向设计理论概述

逆向设计理论，又称UbD理论（understanding by design），是由格兰特·威金斯和杰伊·麦克泰格提出的一种关于课程和教学设计的理论方法。逆向设计理论的产生基于传统教学设计中所存在的"聚焦活动"和"聚焦灌输"两大误区，这两种误区的主要问题在于它们往往忽视了明确的学习目标和相应的评价标准。而逆向设计的基本逻辑是"以终为始"，其中衡量课程、评估和教学设计是否有效的重要指标是学习者是否达到了预期的学习成果。笔者将逆向教学设计的过程划分为三个主要阶段，即确定预期结果、确定适当的评估证据，以及设计学习体验和教学。第一阶段中，教师需要清晰地确定学习者在教学结束后应该具备的知识和能力，教学目标应当以学习者的学习成果为主导；第二阶段中，教师首先需要明确哪些证据可以证明学习者已经理解了所教知识，并且必须合理选择适当的评价方式；最后的设计学习体验和教学步骤中，教师需要策划与这两

者相一致的教学活动，教学活动的设计不仅应该涵盖有意义的内容，而且需要注重趣味性。①

为了更便于教育工作者理解和应用逆向设计，威金斯和麦克泰格提炼出了一份简洁明了的单页模板，以直观地展示逆向设计的要点（图11-1）。②

阶段1——预期结果
所确定的目标： ⓖ ●此设计将达到什么目标（例如：内容标准、课程或项目目标、学习结果）？
理解： Ⓤ　　　　　　　　　　　　基本问题： Ⓠ 学习者将理解……　　　　　　　　●什么样的启发性问题能够促进探究、理 ●大概念是什么？　　　　　　　　解和学习迁移？ ●期望他们获得的特定理解是什么？ ●可预见的误解是什么？
学习者将会知道…… Ⓚ　　　　　　学习者将能够做到…… Ⓢ ●作为本单元的学习结果，学习者将会获得哪些　●习得这些知识和技能后，他们最终能够做什 关键知识和技能？　　　　　　　　么？
阶段2——评估证据
表现性任务： Ⓣ　　　　　　　　其他证据： ⓞⒺ ●学习者通过哪些真实的表现性任务证明自己达　●学习者通过哪些其他证据（例如：小测验、考 到了预期的理解目标。　　　　　　试、问答题、观察、作业、日志）证明自己达 ●通过什么标准评判理解成效？　　到了预期结果。 　　　　　　　　　　　　　　　　●学习者如何反馈和自评自己的学习？
阶段3——学习计划
学习活动： Ⓛ 哪些学习体验和教学能够使学习者达到预期的结果？将如何设计？ W=帮助学习者知道此单元的方向（Where）和预期结果（What）。帮助教师知道学习者从哪（Where）开始（先前知识、兴趣）。 H=把握（Hook）学习者情况和保持（Hold）学习者兴趣。 E=武装（Equip）学习者，帮助他们体验（Experience）主要观点和探索（Explore）问题。 R=提供机会去反思（Rethink）和修改（Revise）他们的理解及学习表现。 E=允许学习者评价（Evaluate）他们的学习表现及其含义。 T=对于学习者不同的需要、兴趣和能力做到量体裁衣（Tailor）（个性化）。 O=组织（Organize）教学使其最大程度地提升学习者的学习动机与持续参与的热情，提升学习效果

图11-1　包含设计问题的单页模板

---

① 格兰特·威金斯，杰伊·麦克泰格.追求理解的教学设计[M].闫寒冰，宋雪莲，赖平，译.上海：华东师范大学出版社，2016.

② 格兰特·威金斯，杰伊·麦克泰格.追求理解的教学设计[M].闫寒冰，宋雪莲，赖平，译.上海：华东师范大学出版社，2016.

在此单页模板中，第一阶段先明确"预期结果"，其中G代表"目标"，即此设计将要达到什么目标，如：内容标准、课程或项目目标、学习结果等；U代表"理解"，即解释、阐明、应用、洞察、自知，其目的是"迁移运用"，即将所学迁移到真实问题；Q代表"基本问题"，是基于"目标"和"理解"设计具有启发性、能够促进探究、理解和学习迁移的基本问题；K代表"学习者将会知道……"，即学生学习结束后获得的知识；S代表"学习者将能够做到"，即学习结束后获得的技能。

基于前阶段的预期结果，第二阶段则根据搜集的评估证据证实预期学习是否完成，来思考单元或课程。T代表"表现性任务"，即学生通过哪些表现性任务证明自己达到了预期的理解目标？其中表现性多指外显出来的行为或言论等。除此之外还需对表现性任务进行评估，应确立评判标准，形成科学的评估证据。OE代表"其他证据"，即除表现性任务之外的证据，及相应的反馈和自评方法，以辅助证明学生达到预期结果。

学习者有效学习并达成预期结果，需掌握相关知识与技能。为此，需设计活动以助其获取。依据评估证据中的表现性任务，在第三阶段确定相应学习计划，即设计学习活动（L），格兰特·威金斯和杰伊·麦克泰格从WHERETO七个要素探讨如何设计安排相应活动。这一阶段是在上述两阶段的基础上组织具体的"学习活动"，包括选择学习资源和组织课堂活动，资料的选择和活动的设计要有利于提升学生的学习动机与持续参加的热情，旨在提升学习效果。

11.3.2 评价工具的设计

在逆向设计理论的指引下，设计评价工具的目的是明确评判学习者是否达到预期学习结果的评价标准和依据。具体而言，教师需要确定如何判断学习者是否达到预期的教学目标，以及如何证明学习者掌握和理解相关内容。而在博物馆学习的语境下，基于逆向设计的评价工具设计旨在通过明确评价标准和依据，来判断学习者是否达到预期的学习结果。这一设计理念强调先确定学习目标，再设计相应的评价方法和作业内容，以确保学习者的学习活动和评价相互匹配，促进学习者对知识的深入理解和应用。

1. 评价方法与学习目标相对应

合理的评价方法能够提供客观、可靠的数据，为教育者提供有效的反馈，从而指导教学策略的调整，促进学习者的深层次理解和学术发展。而在逆向设计的理念之下，评价方法的选择还必须与期望的学习结果相一致，以确保评价的有效性。博物馆学习作为一种特殊的学习类型，强调学习者在真实环境中通过观察和互动，深化对知识的理解和创造。在这种学习视角下，合理的评价方法尤为重要，它不仅能为教育者提供客观、可靠的数据反馈，还能指导教学策略的调整，进一步促进学习者的深层次理解和自我的知识创造。

在博物馆学习的逆向设计理念中，评价方法的选择与期望的学习结果保持高度一致，以确保评价的有效性。逆向设计强调先确定学习目标，再设计相应的评价方法和教学策略，以达成预期的学习结果。这种设计思路使评价不再是学习过程的附属品，而成为推动学习者深入学习、理解与创造的关键驱动力。

其中，评价方法主要分为正式和非正式的评价，以及基于任务的评价方法[1]，而不同的学习内容，其评价类型也有所不同。何晔和盛群力认为对于学习者熟悉的内容，可以采用传统的考试来考查，如书面测验、选择题或论述题等；对于需要深入持久理解的内容，则应该通过实际运用加以评价，评价应遵循开放性、复杂性和真实性原则，通过真实情境任务来了解学习者的掌握程度，包括演讲、朗诵、表演等，这些评价活动对学习者更具复杂性；而对于应该掌握的必备知识技能则根据具体情况机动选择相应的评价方式。[2]

基于任务的评价方法在博物馆学习中具有特别的意义。对于需要深入持久理解的内容，通过实际运用的方式进行评价更为有效。例如，让学习者策划一场与展览主题相关的活动、制作一件与展品相关的手工艺品等，通过这些任务的完成过程来评估学习者的理解程度和创造水平。这些评价活动不仅更具复杂性，能够更全面地考查学习者的综合素养，而且更贴近实际，有助于学习者在真实环境中运用所学知识。

2. 评价中注重真实情境的设置

根据上述内容可知，深入理解的内容往往通过实际运用进行评定，而本书中所讨论的博物馆中的学习结果具有长时性和内隐性，其目标也会较多涉及此方面。深入理解不

---

[1] 格兰特·威金斯，杰伊·麦克泰格. 理解力培养与课程设计：一种教学和评价的新实践[M]. 么加利，译. 北京：中国轻工业出版社，2003.
[2] 何晔，盛群力. 为促进理解而教——掌握逆向设计[J]. 高校教育管理，2007（2）：21-26.

仅是关于知识和技能的掌握，还要求学习者在运用知识和技能时能做出正确的判断，即了解如何应用所学的知识和技能。从这个角度来看，深入理解只有通过完成各种真实情境的任务才能得以体现，因此，对深入理解的评估必须以真实情境的任务或项目为基础。威金斯和麦克泰格所提出的GRASPS任务设计工具可以指导教师设计真正的基于整体表现的评估。

G——目标（goal）：确立要解决的挑战或问题。

R——角色（role）：提供给学习者他们现实生活中可能扮演的熟悉角色。

A——受众（audience）：确定学习者解决问题或创造作品的目标受众。

S——情境（situation）：创设情境或解释情境的背景。

P——作品/表现/目的（product/performance/purpose）：清楚地描绘出作品或行为表现的内容和原因。

S——成功的标准（standards & criteria for success）：告知学习者他们的作品将如何被评估。[1]

11.4 基于博物馆学习结果的评价内容

在逆向设计的框架下，学习结果的确定位于第一阶段且评价方法的选择与确定应当与其保持一致。因此，在确定评价的主要内容之前需要探讨博物馆学习的具体结果。

11.4.1 博物馆学习结果的确立

博物馆学习蕴含着独特的内容、形式与意义，同时也具有一般学习活动的普遍特质。因此，在评估和测量这种学习时，既要考虑博物馆学习典型的非正式学习成果，也应考虑应用经典的认知学习理论设计学习结果。

1. 认知心理学的学习结果分类

认知心理学家加涅指出，学习目标和过程的多样性将引发不同类型的学习结果，因此对每种结果的评价与测量方法应有所差异。他将学习者学习的结果划分为五大类（表11-1），这也为本研究的学习结果的确定提供了借鉴的框架。

---

[1] 格兰特·威金斯，杰伊·麦克泰格. 追求理解的教学设计[M]. 闫寒冰，朱雪莲，赖平，译. 上海：华东师范大学出版社，2017.

表11-1 加涅学习结果分类

学习结果	内涵	测量层次
智慧技能	与环境互动的能力	辨别、具体概念、明确概念、规则、高级规则
言语信息	语言表达，解决"是什么"的问题	标志与事实、知识体
动作技能	使用肌肉完成物理运动	—
认知策略	控制自身学习方式的特质	—
态度	有倾向性地选择	—

2. 非正式学习结果分类

作为非正式学习的显著形式，场馆学习涉及人、场馆、展品和文化之间具体而深刻的学习机制、方案以及过程。与正式学习不同，由于其具有灵活性和不确定性，非正式学习通常难以准确衡量最终的学习效果。近年来，为了探索更好地提升非正式学习成效的方法，研究者们尝试构建出非正式学习中可能产生的几种结果，这也为博物馆学习目标的确立提供了考量和示范。

美国国家研究理事会认为非正式环境中的学习以产生兴趣与学习动机、理解科学知识、从事科学推理的能力、在学习过程中能够积极反思科学、参与科学活动，并具有使用科学工具的能力、发展科学学习者的自我认同能力为目标[1]。同时，该理事会认为学习结果可以从横向的学习准备、学习过程和学习成果三个方面来考量，同时从纵向的知识技能、过程方法和情感价值方面进行深入分析。该理事会从六大维度出发，详细叙述了丰富案例，得出的结论较为全面，值得我们借鉴和深思。

美国科学基金会非正式科学教育规划组曾组织了数以百计的研究人员，并出版《非正式科学教育项目评估框架》[2]，对非正式学习的结果及其评估手段进行了深入研究，其研究结果认为非正式学习的结果应涵盖以下六个关键方面：发展对科学的兴趣、理解科学知识、进行科学推理、对科学的反思、从事科学实践、认同科学事业。六个方面都针对学习者某种特定特质的发展，为非正式学习的学习结果提供了全面的指导。

3. 具有博物馆学习特点的学习结果

根据博物馆学习的具体特点，结合不同类型博物馆的学习目标设定，笔者总结梳理出具有博物馆学习特点的几类典型的学习结果。

---

[1] 赵健. 美国国家研究理事会研究报告——《非正式环境下的科学学习：人、场所与活动》[J]. 科学教育与博物馆，2015，1（5）：323-324.

[2] NSF.Framework for evaluating impacts of informal science education projects[R][EB/OL].http://insci.org/resources/Eval Framework.pdf.

第一，产生学习兴趣。非正式环境可以促使学习兴趣的产生，从而提升学习效率。与兴趣相关的情绪在思维和学习过程中扮演着关键角色，这些情绪有助于学习并影响记忆的保持时间。积极情感是兴趣的一个关键组成部分，对于促使人们更深入地参与学习起着重要作用。对相应主题学习的积极情感是博物馆学习的主要结果。

第二，获得知识与理解。知识与理解的获取在博物馆中尤为显著。博物馆的学习过程以实物为媒介，通过按区域分布的丰富馆藏资源，为学习者提供了直观的学习体验。相较于传统教育侧重于知识的灌输，博物馆学习则更有利于拓宽学习者知识的广度，并深化他们对知识的理解和创造。

第三，发展思维方式。博物馆学习更强调学习者的主动探索。在这种学习特征导向下，博物馆学习强调学习者以自我为主导去思考、探究、实践以及反思，逐渐形成具有高阶特征的思维方式。

第四，提升实践能力。通过博物馆学习，学习者可以亲身接触实物展品，进行实地观察和实践，从而更直观地理解学习对象。这种实践性的学习方式可以帮助学习者培养实践能力，加强他们在特定领域的实际应用能力。

第五，激发认同态度。博物馆环境的互动性和展示方式有助于引发学习者的情感共鸣，个体可以与展示的文化、历史或科学主题建立更深的联系，从而培养学习者对这些主题的认同感。这种体验能够促使学习者对所学知识产生情感投入，加深对特定文化或领域的理解，进而形成积极的认同态度。

第六，增强人际交往能力。在博物馆学习中，个体有机会与其他参观者共享观点、交流见解，并参与互动式学习活动。这种社交环境促使学习者与他人建立联系，提高沟通技巧和合作能力。

11.4.2 评价内容的确立

逆向设计的核心理念是从学习结果出发，逆向思考并设计教学活动、评价内容和方法。在逆向设计中，评价内容与学习结果密切相关，两者相互交织，共同构建一个有机的教育体系。首先，学习结果明确定义了学习者应该达到的知识、技能和理解水平。这些结果成为评价的基础。评价的任务是测量学习者是否达到了这些结果，因此评价内容被选定或设计时，必须对学习结果进行细致的分析，确保评价可以全面、准确地反映学习者在各个方面的表现。其次，逆向设计要求评价内容与学习结果保持一致。其中包括评价内容与学习结果有相应的内容主题；评价内容与学习结果有相同的认知要求，即完成评价任务所需的认知要求与学习结果的要求是一样的。最后，二者的关系是相互促进的。通过对学习者的结果表现进行评价，教育者可以得知学习者在达成学习结果方面的强项和薄弱点，从而更好地调整教学策略，进一步完善教学设计。这种循环的过程有助于不断优化教学实践体系，确保学习者更好地达成学习结果。因此，逆向设计下评价内容和学习结果的关系是相辅相成的，共同构建了一个有质量的教育体验。

结果的产生为评价内容提供了基础，在此基础上我们不能忽视博物馆学习过程具有持续性，因此评价也应具有连续性。在探究评价内容时笔者从加涅提出的学习发生的条件、学习过程、学习结果这几个维度（即学习前、中、后三个阶段）进行分析，具体内容见表11-2所列。

表11-2 基于博物馆学习结果的评价内容体系

学习结果	评价内容	具体指标
产生学习兴趣激发认同态度	情绪状态 动机水平 自我效能 参与程度	学习前：对未来的博物馆学习充满着热情，表现出高度的主动性；积极期待学习成果，有强烈的学习需求，对博物馆学习、相关知识有正面评价。 学习中：主动参与互动、参与小组讨论等；在学习任务上主动投入较多的注意力和时间。 学习后：反馈和表达兴趣，有参与额外相关学习活动意愿，对相关知识进行自发性深入探索，对相应知识学习的自信心有所提升
掌握知识	知识获得 知识理解 知识应用	学习前：具有足以进行博物馆学习的知识和能力，能正确理解博物馆学习的内涵，能提前进行预习梳理。 学习中：在活动中主动阅读、倾听，仔细观察博物馆内资源，主动提出和本次学习的相关问题，解决学习单上的问题。 学习后：在博物馆内习得新知识，通过博物馆学习加深对新旧知识的理解程度，能够良好运用博物馆学习中获得的知识
发展思维方式	思维策略	学习前：根据学习主题进行预判猜测。 学习中：有对博物馆展品和学科内容的批判性思考能力，包括对信息的分析、评估和质疑；在解决与博物馆展品和学科相关问题时应具备的能力，如能自主合作，能运用推理和逻辑进行思考的能力寻找解决方案，能对展品或相关知识提出的独特解释、提出新颖的观点。 学习后：掌握一定的推理、演绎等思维方式，具备反思的能力
提升实操技能	技能应用	学习中：在活动中亲自动手操作，在实践过程中有成果展示，在活动中能运用课前或活动中所学到的内容。 学习后：学会使用本次活动涉及的操作性工具
增强人际交往能力	社会互动	学习中：能主动寻求工作人员、老师及同学的帮助，能倾听接受他人的意见或建议，能与同学分工合作完成任务，能主动与他人交流自己的学习成果

11.5 评价工具的类型与使用场景

在选择评价工具时，我们首先要明确评价目标，因为它直接决定了评价的方向，并与评价内容紧密相连。评价目标的具体性将引导评价活动的重点，从而为选择评价工具提供明确的衡量标准。在此基础上，我们必须全面考虑工具的可行性，这包括考虑学习者所处的学段、发展水平以及不同学习阶段的特点。同时，不同场馆类型所带来的学习内容差异也不容忽视，选择与不同学习领域内容相关的评价工具能够确保评价的准确性和实用性。通过这样的逻辑，我们可以确保评价工具的选择既符合评价目标，又能适应学习者的实际情况和博物馆学习内容的需求。学习方式对学习行为有着深远影响，这也是评价工具选择的重要考虑因素。在前文中，本书将博物馆中的学习方式划分为体验式学习、具身性学习、探究式学习、项目式学习和游戏化学习，而在接下来的论述中，笔者将以此为基础进行讨论。基于此，我们根据评价工具的主要功能和特点将其分类为：观察与记录工具、信息搜集类工具、项目展示类工具。

11.5.1 观察与记录工具

观察与记录工具是博物馆学习中常用的评价工具之一。通过学习者对展览品的观察和详细记录，我们能够实时捕捉多样性的数据。这些数据涵盖了学习者的行为、互动、表现等方面的信息。根据学习者的个体差异、学科兴趣和学习风格，这些工具能够提供更个性化、针对性的反馈，有助于我们全面而深入地理解学习者在学习过程中的表现（表11-3）。同时，这类工具主要对情绪状态、动机水平、自我效能、参与程度、知识获得以及知识理解等内容进行有效的评价。

表11-3 观察与记录工具分析

适用场景	具体形式
学习阶段:学习中、学习后。 对象学段:全学段。 学习方式:体验式学习、具身性学习、探究式学习、项目式学习、游戏化学习等。 场馆类型:自然地理类、科技科创类、历史文化类、民俗工业类、行业领域类。 评价内容:动机水平、自我效能、参与程度、知识获得、知识理解、社会互动	观察记录表、实地笔记、量规、学习者自评表、反馈记录、小组讨论记录、信息化实时评估工具等

11.5.2　信息搜集类工具

信息搜集类的评价工具主要用于搜集学习者的观点、反馈、经验等，以帮助评价者更全面地了解学习过程和效果。在博物馆学习中，这类评价工具可提供个性化反馈，捕捉学习者的主观感受与观点，帮助评价者更全面地理解学习者在博物馆学习中的情感体验。同时信息搜集类工具具有灵活性，评价者可以根据不同的评价目的和研究问题进行调整。它主要对情绪状态、动机水平、自我效能、知识获得、知识理解、思维策略等内容进行有效评价（表11-4）。

在博物馆学习中，信息搜集类评价工具在博物馆学习中发挥了重要作用。它帮助教师全面、深入地了解学习者在学习过程中的情感体验和学习效果，为个性化教学提供有力支持。同时，这类评价工具还具有灵活性，教师可以根据不同的评价目的和研究问题进行调整，以满足不同需求。因此，在博物馆教育中，应积极探索和应用更多样化的信息搜集类评价工具，以提升教学质量和学习效果。

表11-4　信息搜集类工具分析

适用场景	具体形式
学习阶段:学习前、学习后。 对象学段:全学段。 学习方式:体验式学习、具身性学习、探究式学习、项目式学习、游戏化学习等。 场馆类型:自然地理类、科技科创类、历史文化类、民俗工业类、行业领域类。 评价内容:情绪状态、动机水平、自我效能、知识获得、知识理解、思维策略、社会互动	问卷调查、访谈、焦点小组讨论、学习日志、自由写作与反思、在线调查工具、评估表、反馈表、图像或多媒体反馈等

11.5.3　项目展示类工具

项目展示类评价工具指的是通过学习者设计、创建和展示项目来评价学习者在学习过程中的学习成果和理解水平。这种评价工具注重学习者的主动参与、创造性表达以及实际项目展示，强调学习者在博物馆学习中所获得的知识、技能和体验的综合体现。

综合而言，项目展示类评价工具在博物馆学习中具有广泛的应用价值，能够促进学习者全面发展，激发其兴趣，展示实际应用能力，并强调学习者在学习过程中的主动参与和个性发展。对此类工具的分析见表11-5所列。

表11-5 项目展示类工具分析

适用场景	具体形式
学习阶段：学习中、学习后。 对象学段：全学段。 学习方式：体验式学习、具身性学习、探究式学习、项目式学习、游戏化学习等。 场馆类型：自然地理类、科技科创类、文化历史类、民俗工业类、行业领域类。 评价内容：知识获得、知识理解、思维策略、知识应用、技能应用、社会互动	模型制作、展览展示、艺术作品、科学实验、文学作品、多媒体展示、实地考察报告、社区服务项目、演讲或辩论等

综上所述，项目展示类评价工具在博物馆学习中具有广泛的应用价值。它不仅能够评估学习者的学习成果和理解水平，还能够促进学习者的主动参与和个性发展，激发他们的创造力和实际应用能力。因此，在博物馆教育中，应积极探索和应用更多样化的项目展示类评价工具，以提升教学质量和学习效果。

11.6 博物馆学习中的作业设计

作业是在常态化课程教学中最为常用的评价工具之一，在学习的各个阶段均发挥着重要作用。为了进一步提高教师组织实施博物馆学习的实践水平，为教师提供更为具体的操作工具，笔者针对作业这一特定的评价工具进行了系统性研究。

11.6.1 博物馆学习中作业的作用

作业是在教育者引导下，学习者围绕学习内容或实际问题，用科学方法进行个人或小组探究，发现问题、分析并解决问题，展示探究过程与结果，并由他们共同评价的学习活动。作业作为一种特定的评价工具，应用于博物馆学习中具有提高学习效率、激发探究兴趣、深化博物馆学习、培养高阶思维等作用。

1. 提高学习效率

在作业的指引下，学习者在参观博物馆前，从深度主题选择、文献综述和理论框架的建立几个方面入手，为实地观察提供有针对性的引导。在提出研究问题和进行实地观察时，学习者能够有目的地观察、提取信息，从而加深对知识的理解。作业设计注重深度思维和分析能力的培养，从而使学习者能够更敏锐地捕捉关键信息，提高信息的处理速度。此外，分享与交流环节能够激发学习者联想能力，通过学习者之间的互动，促使他们更广泛地思考问题，提升学习效果。总体而言，作业通过引导学习者独立解决问题，为学习者提高学习效率创造了良好的学术环境，使博物馆学习更具效益和深度。

2. 激发学习兴趣

作业在博物馆学习中发挥着至关重要的导向作用，它不仅是学习者深化知识理解的重要途径，更是培养他们独立思考和批判性思维能力的重要工具。在进入博物馆学习之前，作业引导学习者选择具有研究价值的主题，进行系统的文献综述，并构建初步的理论框架。这一过程不仅要求学习者具备一定的知识基础，还要求其具有独立思考和解决问题的能力。通过作业的设计，学习者在参观博物馆之前就已经对展品有了初步的了解，为后续的深入探究奠定了基础。在博物馆实地参观时，学习者带着要研究的问题，运用批判性思维进行实地观察和深度研究。这一过程不仅锻炼了学习者的观察力和分析能力，还培养了他们的专家思维和探究能力。学习者可以在这里与同伴和老师进行深入的学术讨论，这种互动不仅有助于拓宽学习者的学术视野，还能促进学术合作和共同进步，激发学习者深入探究的兴趣。

3. 深化博物馆学习

在博物馆学习中，教育者可鼓励学习者选择能够引发深思的主题，并提前进行初步的了解和资料搜集。这样，在实地观察博物馆展品前，学习者就能在心中构建一个初步的认知框架，将展品的魅力与自身的兴趣点相结合。通过设计富有探究性的作业，引导学习者提出自己的问题，并鼓励他们通过实地观察和深入研究来寻找答案。在这一过程中，学习者不仅锻炼了问题解决和观察分析的能力，还加深了对展品背后故事和文化内涵的理解。在博物馆这一特殊的学习情境中，学习者有机会与同伴和老师分享自己的发现和见解，从而获得更多启发并创造自我的知识。这种交流不仅丰富了学习者的学习体验，还促使他们从不同的角度和层面去理解和欣赏博物馆的展品。此外，博物馆学习注重作业的跨学科整合，学习者有机会跨越学科的界限，将不同领域的知识和方法相互融合。这种跨学科的作业不仅提升了学习者对多学科知识的整体认知，还培养了他们的综合素养和创新能力。

4. 培养高阶思维

根据布鲁姆的教育目标分类，学习者的思维认知涵盖六个层次，包括低阶识记、领会和应用，以及高阶思维的分析、评价和创造。传统的作业形式主要体现了低阶识记、领会和应用。在博物馆学习中，通过设计具有探究特征的作业，引导学习者通过思考、探索和创造去解决现实问题，属于高阶思维的发展。以场馆活动为资源，以作业为引导，学习者得以在场馆学习中将个人知识、理解和思维过程外显，从而促进思维水平的提升。同时，在深入探索的过程中，教师的引导有助于学习者实现有意义、个性化的探索，刺激其思维成长。通过展示学习者的思维过程，帮助其实现思维的可视化、巩固学习模式、拓展思维空间，进而推动思维由低级向高级演进。

11.6.2 博物馆学习中作业的类型

作为连续性过程的博物馆学习，不同阶段的学习问题驱动也有不同，可大致根据时间顺序将探究性作业分为前置作业、中置作业和后置作业。这种划分方式可以分别针对不同的认知阶段，以更好地促进学习者的学习，同时利于将整个学习任务进行分解，有助于教育者更有效地组织学习者的学习活动，使其更加系统和有序。

其中前置作业主要注重学习前的准备工作，通过激发学习者的背景知识，引发兴趣和提出问题，促使学习者在参观博物馆之前做好认知准备。中置作业更着眼于学习过程，强调学习者在博物馆内的实际参与和思考，以引导学习者深入挖掘展品背后的知识，并通过交流和合作促进深度学习。后置作业则侧重于学习之后，通过总结、归纳和创造性的思考，巩固学习者在博物馆学习中所获取的知识，促使知识的自我创造。但不同阶段的问题类型不同，对应的任务也有所差异，为了更高效地选择合适的类型进行设计，笔者将博物馆学习中的作业以表格的方式进行梳理（表11-6）。

表 11-6　博物馆学习中探究性作业类型

作业类型	问题类型	任务类型
前置作业	背景问题	文献查阅型
	引导性问题	(1)问题提出型； (2)情境分析型； (3)案例研究型
	相关性问题	(1)知识回顾型； (2)知识拓展型； (3)文献综述型
中置作业	实地观察问题	(1)实物观察与描述型； (2)多感官体验记录型
	展品关联问题	(1)主题展览策划型； (2)展品故事创作型； (3)时间轴构建型
	专业性问题	(1)实验探索型； (2)比较与对比型
	实践应用问题	(1)实物应用场景模拟型； (2)手工制作与实践型
后置作业	总结与归纳问题	(1)个人见解与体验分享型； (2)文字、导图总结型； (3)创作项目
	(1)知识拓展； (2)与延伸问题	(1)反思与总结报告； (2)专题展示或比赛； (3)社区应用项目； (4)跨学科应用任务

1. 前置作业中的问题及其任务类型

（1）背景问题。这类问题涉及博物馆主题的历史、背景、文化等多个方面。举例而言，像"这个博物馆的创建背后蕴含着怎样的历史故事？"或"这个主题在社会发展中的地位是怎样的？"这有助于学习者在参观前建立对博物馆展品和主题的初步了解，为后续的学习提供有益的背景知识。在前置作业中，应设定文献查阅型任务，鼓励学习者查阅相关文献（包括书籍、期刊文章、在线资料等），深入了解博物馆信息。

（2）引导性问题。引导性问题旨在引导学习者对即将参观的展品或主题进行思考，激发学习者对特定主题的兴趣，并为他们在参观时提供思考的方向。在前置作业中可设计以下类型任务：问题提出任务，即要求学习者在前置作业中提出一系列问题，这些问题可以涉及博物馆主题的各个方面，从历史、文化、科学等多个角度进行思考；情境分析任务，此任务中学习者可以通过分析博物馆主题的相关情境，提前思考与主题相关的各种问题，包括可能的挑战、解决方案等；案例研究任务，学习者可以通过研读相关案例，分析案例中涉及的问题，从而思考与博物馆主题相关的内容。

（3）相关性问题。这类问题帮助学习者将博物馆主题与他们之前学到的知识或个人经验联系起来。可通过知识回顾任务让学习者复习之前学过的相关知识，利用任务描述和问题引导，激发他们将已学知识与博物馆主题进行关联性思考。同时知识拓展型任务以前置作业为媒介，让学习者主动寻找并整理之前学习的知识，探讨这些知识与博物馆主题之间的联系，并提出新的问题以拓展思考。文献综述任务可以让学习者在前置作业中编写文献综述，找出已学知识在相关研究中的应用，从而引导他们思考博物馆主题的知识背景。

2.中置作业中的问题及其任务类型

（1）实地观察问题。实地观察问题主要要求学习者通过实地观察和亲身体验来回答，以促使他们通过感性认识更深入地理解主题。为实现这一目的，可设置实物观察与描述任务。这一类型的任务需要学习者在博物馆内选择具体展品进行详细观察与描述，涉及展品的外观、材质、制作工艺等，并通过文字或绘图方式呈现。此外，多感官体验记录任务要求学习者运用多感官，包括听觉、视觉，或者通过访谈博物馆工作人员了解展品背后的故事、设计思路和收藏价值。学习者需要记录下自己的感受、联想等，以丰富感性认知。这些任务的设计旨在深化学习者对博物馆主题的感性理解，从而提高他们对学习内容的亲身体验和深入认识。

（2）展品关联问题。在博物馆学习中，展品关联问题至关重要，其目的在于引导学习者深入思考博物馆中不同展品之间的潜在联系，进而协助他们构建对整体展览主题的综合认知。为了有效地实现这一目标，需进一步设计具有针对性的作业。首先，提出主题展览策划任务，鼓励学习者从博物馆的丰富藏品中精心挑选出若干展品，进而围绕一个核心主题进行展览策划。在这个过程中，学习者需要特别注意展品之间的关联性，并巧妙地设计展览的布局和陈列方式，以凸显它们之间的内在联系。其次，引入展品故事创作任务。这要求学习者为所选择的展品创作富有趣味性和互动性的故事。通过这样的创作过程，学习者不仅能够展示展品之间可能存在的关联，还能够激发观众的想象力和参与感。最后，通过设计时间轴构建任务，即让学习者在众多展品中挑选出那些不同历史时期的代表性展品，进而构建一个清晰的时间轴。透过这个时间轴，学习者可以清晰地展示出展品在历史发展过程中的演变轨迹和它们之间的关联，从而帮助观众更好地理解展品的历史背景和文化内涵。三种作业的有机结合能有效地帮助学习者拓展和延伸他们在博物馆学习中获得的知识，同时促进对学习者跨学科思维和综合能力的培养。

（3）专业性问题。在博物馆学习中专业性问题的探讨同样具有深远意义。这类问题聚焦于博物馆主题的专业层面，旨在激发学习者的深入思考，进而培养他们的专业素养。为了有效应对这些专业挑战，需进行实验探索型任务的设计。该任务鼓励学习者结合所学学科的特点，自主设计并执行一个与博物馆主题紧密相关的实验。通过这种实践方式，学习者不仅能够深化对专业知识的理解，还能通过实验结果的分析与总结，提升实践能力和解决问题的能力。这类任务构成了博物馆学习中专业性问题探讨的重要环节，有助于学习者在深入思考和实践中提升专业素养。

3. 后置作业中的问题及其任务类型

（1）总结与归纳类。在博物馆学习的后置作业设计中，总结与归纳类问题占据核心地位，意在引导学习者对博物馆学习经历进行系统的回顾与整理。具体而言，学习者需要对所参观的展览内容进行深入的总结与归纳，从中提炼出关键信息和核心概念，进而形成对所学知识的全面把握。为了丰富这一过程，后置作业可以包括个人见解与体验分享，鼓励学习者分享在博物馆学习中的个人感悟、体验以及对展品的独特见解，通过个人的视角丰富对文化、历史等方面的理解。此外，利用文字或者思维导图类总结让学习者撰写一份总结报告，回顾博物馆学习的整个过程，总结所学知识和经验，并提出对未来学习的展望。学习者还可以通过后置作业将在博物馆学习中获得的知识进行整合，形成一份综合性的文档或图表，展示自己对不同主题的理解。创作项目也是一种鼓励形式，学习者可以通过设计展览、制作模型等方式，将在博物馆学习中获得的见解和创意应用到实际场景中，展示他们的学习成果。

（2）知识拓展与延伸类。在后置作业设计中，应特别关注知识拓展和延伸类问题的解决，这类问题聚焦学习者基于自身的兴趣，对博物馆学习的内容进行深入拓展和延伸。这类问题可以设计多样化的任务。首先，反思与总结报告要求学习者回顾博物馆学习过程中的体验和收获，通过对感兴趣的主题、展品或展览的分析，探讨它们对个人或学科学习的意义和影响。这样的任务不仅巩固了学习者的理解和记忆，更激发了他们对知识进一步探索的热情。其次，专题展示和比赛为学习者提供了展示自己研究成果的平台，鼓励他们选择博物馆学习中自己感兴趣的主题进行深入研究，并撰写详细的研究报告或论文，以拓宽学科视野。再次，社区应用项目类任务要求学习者将博物馆学习的知识与社区实际问题相结合，设计并实施项目以解决实际问题或改善社区环境。最后，跨学科应用任务则鼓励学习者将博物馆学习的内容与其他学科的知识相结合，如将历史文物与文学作品联系进行文学分析或创作，或将科学展览中的原理与物理、化学等学科知识结合进行科学实验或模型制作。这些任务旨在帮助学习者建立跨学科的联系，提升他们的知识应用能力。通过这些后置作业的设计，学习者能够全面、深入地拓展和延伸博物馆学习的内容，进一步提升他们的学科素养和实践能力。

（3）实践应用问题。实践应用问题是博物馆学习中不可或缺的一环，它着重于引导学习者将所学知识应用于实际生活，从而培养他们的实践能力和创新思维。在博物馆学习中，可设计实物应用场景模拟、手工制作与实践两种后置探究性作业。在实物应用场景模拟中，学习者可选择一个博物馆中的展品，并创造性地设想其在实际生活中的应用场景。这个任务不仅要求学习者深入理解展品的特性和历史背景，还促使他们发挥想象力，探索展品在现代生活中的潜在应用价值。而在手工制作与实践环节，学习者则有机会选择一个与手工艺品相关的展品，亲手制作一个类似的物品。通过这个过程，学习者可以亲身感受传统制作工艺的魅力和技巧，更加深入地了解展品背后的文化内涵和技术细节。这两种实践应用任务共同促进了学习者从理论到实践的转化，有助于培养他们的创新思维和实践能力，使博物馆学习真正融入学习者的日常生活。

11.6.3　博物馆学习中作业的设计原则

1. 基础性与探究性相结合

在博物馆学习中，作业设计的基础性与探究性相结合原则至关重要。这一原则基于建构主义学习理论和认知发展理论，强调学习者的知识建构和认知发展应在一个既有基础又有挑战的环境中进行。

建构主义学习理论认为，学习是学习者主动建构知识的过程，而非被动接受知识的过程；学习者通过对真实问题的探究构建知识，而基础性的学科知识提供了学习者理解问题、构建解决方案的必备基础。在博物馆学习中，学习者需要通过与展品的互动、与同伴的交流、与教师的引导等多种方式，主动建构对展品和展览的理解。因此，作业设计应提供足够的基础性知识，帮助学习者建立起对展品和展览的基本认识；同时又要设置具有一定探究性的问题，引导学习者进行深入思考和探索。

认知发展理论则强调认知结构的发展和完善是学习的重要目标。在博物馆学习中，学习者的认知结构需要通过与展品的互动和对展品的探究来不断完善。因此，作业设计应既包含学习者能够轻松掌握的基础知识，又包含需要他们通过深入思考和探究才能理解的高阶知识。这样的设计有助于促进学习者的认知发展，提升他们的思维能力和解决问题的能力。

以中国古代陶瓷艺术展览为例，教师可以设计以下作业。

首先，要求学习者通过阅读展览导览资料或观看相关视频，了解中国古代陶瓷的基本制作工艺、历史发展脉络以及不同时期的艺术特点，这是基础性的学习阶段。

然后，教师可以设置一个探究性问题，如"中国古代陶瓷艺术如何影响了现代陶瓷设计？"引导学习者进行深入思考和探究。学习者可以通过观察展品细节、分析不同时期的风格变化、对比现代陶瓷作品等方式来寻找答案，甚至可以尝试自己动手制作陶瓷作品，从实践中体会古代陶瓷艺术的魅力。这样的作业设计既保证了学习者的基础知识掌握，又激发了他们的探究欲望和创新精神。

综上所述，博物馆学习中作业设计应坚持基础性与探究性相结合原则，通过提供既有基础又有挑战的作业内容，促进学习者的知识建构和认知发展，提升他们的学习能力和综合素质。

2. 生活性与情境性相结合

在设计作业的过程中要做到生活性和情境性相融合，其中生活性指的是"发生于真实世界，也可以是经过精心设计与现实世界高度相似，具有复杂性和非良构性的模拟情境"①任务，需要学习者通过亲身实践才能完成。它要求教育者从学习者的实际生活出发，选取与学习者生活经验紧密相关的主题，使得博物馆学习不再是远离现实的抽象符号，而是能够触摸、感知和理解的生动实践。这样的设计能够降低学习者的认知负荷，提升学习兴趣，并有助于他们将所学知识与现实生活进行有机联结。而情境性原则的融入，则强调了知识学习的情境依赖性和认知灵活性。在博物馆这一充满历史与文化底蕴的特定空间内，教育者应通过模拟、重构或创设与展品紧密相关的历史、文化或科学情境，为学习者提供沉浸式的探究环境。这种情境化的作业设计能够帮助学习者更好地理解和掌握知识，促进他们的深度学习，并培养他们在不同情境中灵活应用知识的能力。

3. 指导性和自主性相结合

根据作业的定义，它是指学习者在教师的引导下，按照一定的任务或目标，以现行学习内容或学习者对周围世界和生活实际中的问题为主题，用科学的方法以个人或小组的方式对确定的主题进行探究，因此在设计作业时需要将教师的指导和学习者的自主学习结合起来。

在作业设计中，指导性指的是教师或教学设计者提供的方向、框架和建议，以确保学习者的学习活动有明确的目标和高效的路径。这种指导可以包括设置具体的主题、提供必要的学习资源和工具以及设计恰当的评估标准等，它确保了作业的教育性和系统性，避免了学习者因缺乏方向而陷入无效或低效的学习。自主性则是指学习者在作业中的主体地位和主动性，鼓励学习者根据自己的兴趣、经验和学习风格选择探究的方向和方法，在过程中发现问题、提出问题并寻求解决方案。

考虑到学习者的认知发展水平，特别是在博物馆学习这样富有丰富多样展品的环境下，学习者的知识储备和理解水平存在较大差异。一方面，指导性的设计有助于确保学习者在探究中获取必要的学科基础知识，使其具备足够的理解和分析能力。另一方面，通过适度的自主性，能够满足学习者个体差异，让其在自身认知水平的基础上更为深入地参与学习。其中指导性为学习者的自主探究提供了基础和支持，确保了学习的有效性和深度；而自主性则在指导性的基础上发挥了学习者的主观能动性和创造性，使学习更加个性化和富有创新性。这种结合体现了博物馆学习中教师主导与学习者主体性的平

---

① 王宇，汪琼. 慕课环境下的真实学习设计：基于情境认知的视角[J]. 中国远程教育，2018（3）：5-13.

衡，有助于实现学习目标的最优化。

4. 层次性与适度性相结合

在博物馆学习中，作业设计的层次性与适度性对于提升学习者的学习效果与兴趣尤为重要。层次性体现在教育者需要充分考虑学习者的个体差异和年级差异，针对不同学习者的知识基础和学习能力，设计差异化的作业内容。对于基础扎实、兴趣浓厚的学习者，可以设计更具挑战性和深度的作业，引导他们深入探究展品背后的故事和文化内涵，激发他们的创造力和批判性思维。而对于基础相对薄弱的学习者，则应该设计更为基础、直观的作业，帮助他们逐步建立对博物馆展品的基本认识和理解，逐步提升他们的学习兴趣和能力。

适度性则要求教育者在设计作业时，既要考虑学习者的能力水平，又要考虑博物馆学习的特点和要求。博物馆学习注重实践性和体验性，因此作业形式应该多样化，包括观察记录、实地调查、小组讨论等，让学习者能够在亲身参与和体验中完成作业。同时，教育者还需要注意控制作业的数量和难度，避免给学习者带来过大的学习压力。作业量应该适中，既能保证学习者有足够的时间和精力完成作业，又不会让他们感到过于繁重。作业难度也应该与学习者的能力水平相匹配，既要有一定的挑战性，又要避免过于简单或过于复杂。

11.6.4 博物馆学习中作业的设计元素

在博物馆学习的作业设计中，关键的设计元素共同构成了一个完整且有效的学习框架。经研究整理出表11-7所列的设计元素。值得注意的是，设计元素包括但不限于此，且在具体设计过程中应根据前置、中置、后置作业所要解决的相应问题进行合理选择。

表11-7 博物馆学习中探究性作业的设计元素

设计元素	描述与功能
学习目标	明确的学习目标指引整个学习过程，确保学习者有针对性地进行探究
情境设置	合理设置情境，激发学习者的学习兴趣，使他们更自然地融入学习环境。情境通常与展品或博物馆的主题紧密相关，有助于构建学习的现实意义
展品介绍	提供展品的基本信息，如历史背景、文化内涵、艺术价值等，为学习者的探究提供基础
问题设置	通过设置不同层次的问题，引导学习者深入思考，激发他们的探究欲望。问题应具有引导性和开放性

续表

设计元素	描述与功能
学习过程	包括观察、操作、推测、拓展等一系列活动,旨在帮助学习者通过亲身实践来深化对展品的认知
反思评价	学习者对自己的学习过程和成果进行审视和总结,巩固所学知识,提升自我认知
背景资料	提供与展品相关的背景资料,丰富学习者的学习内容,加深他们对展品的理解
……	……

11.6.5 博物馆学习中作业设计的思路（图11-2）

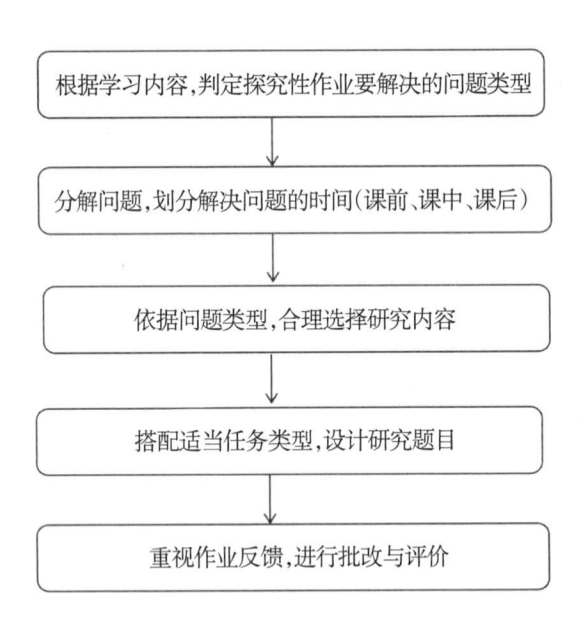

```
根据学习内容,判定探究性作业要解决的问题类型
          ↓
分解问题,划分解决问题的时间(课前、课中、课后)
          ↓
依据问题类型,合理选择研究内容
          ↓
搭配适当任务类型,设计研究题目
          ↓
重视作业反馈,进行批改与评价
```

图11-2　博物馆学习中作业设计的思路

第一步至关重要，是根据具体的学习内容来确定所要解决的问题的类型。教育者应该深入分析学习内容，仔细研究博物馆的学习资源、展览主题、展陈背后的历史文化和科学原理等。通过分析这些内容，可以确定作业的核心问题和目标。同时还应与课程标准进行关联，明确博物馆学习与学校课程之间的关系，将学习内容与课程标准进行对接。这有助于确保作业的设计符合教育目标和学习者的认知发展阶段，也有助于学习者在博物馆学习与学校课程之间建立联系。此外，教育者还要对学习者认知水平的进行考量，这包括学习者的年龄、知识储备、兴趣点以及他们在博物馆学习中的实际需求和挑

战。通过对学习者认知水平的了解，可以更有效地设计出既具有挑战性又符合学习者实际情况的作业。

第二步是对问题进行分解并合理规划解决问题的时间。这一步旨在确保探究过程的系统性、连贯性和高效性。其中问题分解是将整体问题细化为若干个子问题，这些子问题更具体、更易于操作和解决。分解问题的方法包括逻辑分析法、结构分析法等，教师可以根据具体问题的性质和复杂程度选择合适的方法。通过分解问题，学习者可以在探究过程中逐步深入并解决问题，从而增强探究的针对性和实效性。在问题分解的基础上，还需要合理规划解决问题的时间。课前阶段，学习者可以通过预习和资料搜集，对问题有初步的了解和认知；课中阶段，学习者可以在教师的引导下进行深入探究和讨论，解决关键问题；课后阶段，学习者可以通过反思和总结，巩固所学知识，拓展探究的深度和广度。通过合理的时间划分，可以确保学习者在不同阶段都有明确的任务和目标，从而提高探究的效果和质量。

第三步则是依据已经判定的问题类型，合理选择作业内容。这一步直接关系作业设计的有效性和学习者的学习成果。而选择作业内容时，需要注意以下几点。

第一，关联性与真实性。选择的作业内容应与学习主题和课程目标紧密相关，确保学习者能够通过完成作业深化对知识的理解。同时，内容应具备真实性，即能够反映现实生活中的真实情境和问题，从而增强学习者的实际应用能力。

第二，适应性与挑战性。在选择作业内容时，教育者需要充分考虑学习者的认知水平、兴趣点和学习需求。内容应具有一定的适应性，能够适应不同学习者的学习能力和兴趣特点。同时，内容也应具备一定的挑战性，能够激发学习者的学习兴趣和探究欲望，促使他们在完成作业的过程中实现自我超越。

第三，可操作性与可评估性。选择的作业内容应具备一定的可操作性，即学习者能够通过实际操作、观察、调查等方式完成。同时，内容还应具备可评估性，以便教育者对学习者的作业完成过程和成果进行有效的评价和反馈。

第四步是在此基础之上搭配适当任务类型（这些类型在前文有所提及）来设计研究题目，并指明这些题目的来源。教育者需要确保所设计的题目能够紧密围绕作业的核心问题，同时符合学习者的认知水平和兴趣点。题目应该具有明确的学习目标、适当的学习难度和合理的学习范围，以引导学习者进行有针对性的学习。此外，应该考虑跨学科整合的思路，将不同学科领域的知识和技能融合到题目中。这样设计的题目不仅能够拓宽学习者的知识视野，还能够培养学习者的跨学科思维能力和综合应用能力。

　　第五步是作业的批改与评价。它不仅是对学习者学习成果的检验，更是推动他们持续探究、提升学习质量的关键动力。因此，教育者对学习者作业的反馈应当给予高度重视，确保反馈既有建设性又富有激励性。作业完成情况是学习者学习情况的一面镜子，它能让教育者深入了解学习者的思考过程、问题解决能力和知识掌握情况。同时，对于学习者而言，也是了解自己学习进展、识别自身不足并进行反思的重要途径。在博物馆学习的作业中，批改的形式可以多样化，这不仅有助于减轻教师的负担，还能培养学习者的自主学习和合作学习能力，也符合非正式学习的特点。对作业的评价则是激发学习者持续学习热情的重要手段。评价不仅仅是一个简单的分数或等级，还是一个综合的、多维度的过程。教育者可以通过评语、表情符号等多种方式进行评价，尤其是评语的使用，能够为学习者提供更为具体、有针对性的指导。

第12章 博物馆学习样态构建中的教师实践技术

在博物馆学习样态构建中，教师在学生学习过程中发挥着极其关键的作用，他们必须拥有坚实的专业知识基础，还需掌握一系列关键技术，以便有效地引导学生深入探索博物馆的奥秘。由于教师大多缺乏博物馆领域的相关专业知识，非正式学习的课程设计与实施能力也较为欠缺，就需要为教师提供必要的支持和资源，以促进其专业成长和教学能力的提升。在此背景下，给养理论①显得尤为重要。在博物馆学习的独特环境中，教师同样需要得到充分的给养，这包括专业知识上的深化、教学方法的创新以及丰富教学资源的获取等多方面的支持和帮助。在博物馆学习样态构建的过程中，教师的关键技术掌握与给养的获得是相辅相成、相互促进的。教师掌握关键技术能够更好地发挥其引导作用，带领学生深入博物馆学习；而给养则如同教师的坚实后盾，为他们提供必要的支持与资源，助力其在专业发展与教学能力上不断攀升。

12.1 博物馆学习样态构建中教师的关键技术

在博物馆学习样态构建中，教师扮演着举足轻重的角色。然而，由于博物馆知识领域的专业鸿沟以及教师在该方面知识的欠缺，可能导致学生在教师的指导下也难以深入探究博物馆学习的精髓的情况。究其原因，主要有以下几点。

一是教师已有的知识技能难以跟上学科的发展速度。在"知识爆炸""信息社会"的背景下，尽管教师们可能已经意识到课程改革的重要性，但改变多年形成的教学习惯，面对已有经验的失效，甚至在原本就超时的工作量上又增添了许多新任务，这对部分教师来说是巨大的挑战。二是有些教师倾向于维护传统教学，而非倾向于革新与创造。所以，在面对更加复杂的教育教学技术和社会对教师的更高要求时，他们没有关注

---

① 给养理论是由生态心理学家吉布森提出的，他创造了"affordance"一词，即给养，来描述一个行为者（一个人或者动物）和外界相互作用时的行为属性。该理论更强调环境对行为的影响，但环境对行为者所造成的影响会因个人的特质、能力与知觉的不同而产生不同程度的效应。

新课改的要求，缺乏新时代的教育观。三是一些教师采取了"以不变应万变"的策略来应对改革。

目前，学习者在博物馆中如何更有效地学习正成为被关注的热点话题。基于此，博物馆学习样态构建中教师应掌握几项关键技术，这些技术既能提高教师的专业发展水平，也能进一步提升教师在博物馆实践中的能力。通过掌握这些技术，教师可以更有效地引领学生深入挖掘博物馆学习的核心价值，推动学生的全方位发展。

12.1.1 课程升维技术

1. 从简单课程到复杂课程

简单课程反映出的是一种简单思维，简单思维主要有以下几个特点。一是还原思维，即具有程式化的流程。二是线性思维，即认为教学是一种线性的因果性事件，坚持教学的模式、方法和程序具有难以辩驳的合理性以及合法性。三是时间的可逆性。这种思维赋予教学以先验性、恒定性、绝对性，消解与隔离了教学的生成性逻辑。四是他组织。这种思维将鲜活、丰富的教学中的一切都排除在教学方法之外。简单思维还蕴含着将学科知识当作确定的、静态的、分割化、间接的实体来传递、掌握以及占有，进而使课堂教学逐渐沦落、异化为对公共知识传递的技术性灌输、程序性控制以及操作式压迫等的含义。[1]

"复杂性其实是存在于组织之中，即一个系统的组成因素以无数可能的方式在相互作用。"[2]需要指出的是，复杂性不是从简单性走向复杂性，而是从一种复杂性不断增长为另一种复杂性，简单性只是若干复杂性之间的一个环节、一个方面。这不同于过去的现代主义的自然观：自然在形式和组织上是简单的、线性的和稳定的。[3]

博物馆学习作为一种具有非正式特征的学习领域，不是一种简单性的学习，它更多指向复杂的学习系统建构。因此，教师应该跳脱出传统学科课程的简单化思维，用更具复杂性的眼光和技术开展与实施博物馆学习的设计。

---

[1] 张良.从简单性到复杂性——试论我国教学范式的重建[J].清华大学教育研究，2013，34（5）：103-108.
[2] 米歇尔·沃尔德罗普.复杂：诞生于秩序与混沌边缘的科学[M].陈玲，译.北京：生活·读书·新知三联书店出版社，1997.
[3] 埃德加·莫兰.复杂性思想导论[M].陈一壮，译.上海：华东师范大学出版社，2008.

2. 复杂课程设计与实施

复杂性课程要求一种开放性的课程设计，一方面，加强与学习者的生活以及个人经验的联系；另一方面，加强不同学科之间的联系。优质的博物馆课程能够促进跨学科的整合，进而拓展学习者的知识体系并培育其多角度思考的能力，对于学习者创新力的培育具有显著的积极作用；将优秀的博物馆课程通过数字化手段展现出来，能够及时扩展学习者相关领域的知识；博物馆课程正从单一、零散的形态逐渐演进为结构化、系统化的教学模式。在不久的将来，会有越来越多博物馆领域的专业人士转型为博物馆学习的辅导者，博物馆亦将逐步成为学生们深化知识探索的关键学习环境。所以，在博物馆学习样态的构建中，教师应主动构建复杂思维过程，创新教学方式，运用多学科知识进行教学。

复杂性课程的实施需要注意如下几点。

第一，要有想象力。教育中想象力缺乏的原因固然是多方面的，但是人们对单一性、标准性和确定性的偏爱无疑是一个重要原因。想象力往往与对人的经验、背景、个性和主体性等方面的尊重密切相关，它崇尚浪漫、自由、开放、多元等，并不要求具有严格的精确度。

第二，要有多维互动性。这意味着课程的所有参与者需形成一种相互作用的联系，其中每位参与者都是该联系中的一部分，而非孤立存在的个体。在教学过程中，实现即时性和创造性是至关重要的。这意味着课程的设计应允许参与者在一定程度上摆脱纯粹理性的束缚，自然而然地融入互动环节，进而引导他们超越既定目标，获得意想不到的深刻洞察。

第三，课程的开放性也是不可或缺的。开放性的课程设计能够激发学生的想象力，并促进多样化的观点和声音的产生。好的课程必须经常打破学习者或教师的期待水平，让他们都感到课程有出人意料的变化。这就要求课程中留有许多"未定点"，等待教师与学习者用想象力来填充。

12.1.2 无边界环境创设技术

1. 无边界学习需要无边界的学习环境

"无边界"一词是威廉姆森1975年在《资本主义经济制度》中提出来的，它从"场域"概念入手，探讨关于公司管理层面的内容。无边界理论为创新变革提供了具有指导意义的价值观念，颠覆了人们对组织结构的传统认知。无边界学习的核心在于消除界限、软化界限，突破学习内容、学习空间、学习计划的界限，打破当前社会与学校、教师与学生、课程与生活、知识与经验等众多相互对立的二元结构。要充分利用和开发课程资源，丰富学生的学习体验，首先就要在课程理念上迈出关键一步，即教材并非唯一的课程资源，将"教科书是学生的世界"转变为"世界是学生的教科书"。这一观念也正在成为课程改革的新趋势。

例如，北京史家小学在构建其课程体系时，将"博悟"课程融入无边界课程体系。该课程依托于博物馆的丰富藏品，致力于从传统文化中汲取资源，以培养当代青少年的社会主义核心价值观。课程内容涵盖"漫步国博"与"博悟之旅"两大系列。"漫步国博"系列旨在引导学生深入国家博物馆，通过"说文解字""服饰礼仪""美食美器""音乐辞戏"四个主题，探索博物馆内珍贵文物背后的历史故事，从而深入理解中华民族千年传承的美德。"博悟之旅"系列则将博物馆的文物资源与国家课程相结合，为学校课堂教育提供有力补充。该系列课程从个人、社会、国家三个层面逐步深入，依据学校提倡的"五大意识"——创造、尊重、责任、生命、规则，构建了150个教学主题。

从这个案例可以看出，博物馆学习不仅局限于学校这个场域，知识也不局限于一个具体学科，而应打破学科壁垒，打破学习环境界限，创造一个无边界学习的环境与课程。[①]

2. 无边界环境创设技术要旨

无边界学习空间的构建主要关注观念和方法的革新，通过环境的精心设计和文化的培育，消除了课堂内外、校园内外的学习障碍，使得学习环境充满活力，学习过程富有挑战性，进而促进学生与教师的共同进步。对于教师而言，掌握无边界环境创设技术要旨，主要体现在以下几个方面。

首先，环境识别与选择。无边界理论提醒教师，教育的场域远不止于传统的课堂和学校环境，博物馆、社区、企业等亦可成为教育的场所。教师应具备识别和选择适宜教育环境的能力，以充分利用这些资源，开展多样化的教育活动，从而拓宽学生的视野并培养其全面素质。

---

① 洪伟，李娟. 大情怀的"无边界"课程构建——史家小学课程育人实践[J]. 人民教育，2019（1）：15-17.

其次，环境的整合与构建亦至关重要。教师可借助博物馆资源进行实地考察，并与博物馆、企业、社区等机构合作，整合各类资源以提升教育成效和影响力。

再次，环境的动态拓展亦是教育实践中的重要方面。无边界理论强调多元文化的融合，这促使教师在教学过程中注重多元文化教育，引导学生了解不同文化背景的知识，培养其跨文化交流能力，增强文化认同感和归属感。

最后，虚拟环境的运用亦不可忽视。无边界理论倡导跨界合作，这激励教师积极与各方合作开展教育项目，并鼓励尝试新的教学方法，如利用数字化技术进行线上教育。这些方法能够激发学生的学习兴趣，提高其参与度和学习效果。

12.1.3 学习支架搭建技术

1. 学习支架的理论基础

"支架"（scaffold）一词，最初源自建筑行业，亦可译为"脚手架"，指的是在建筑楼房过程中所使用的临时性支撑结构。当此概念被引入教育学领域时，学习支架则指为学生学习过程提供辅助与支持的有效资源。这些资源包括但不限于提供学习策略、途径、方向指引，提供可供模仿的典范或范例，提供必要的工具，以及提供可供观察的实体对象等。支架的提供者可以是教师，亦可以是学习者自身，或由学习者之间相互提供。

2. 博物馆学习中需要搭建大量学习支架

在博物馆教育的背景下，构建众多学习支架是一项复杂且极具价值的学术实践，它对于增进学生深入理解与知识创新具有显著影响。学习支架的构建，实为解决此问题之关键。从理论层面审视，学习支架不仅是一种教学策略，更是一种促进学生认知发展的有效工具。在博物馆学习的语境中，学习支架的构建有助于学习者明确学习目标，掌握学习策略，建立知识联系，从而实现对展览内容的深入理解与知识构建。在构建学习支架的过程中，教师可以运用多种方法和技术。例如，通过提供背景知识支架，帮助学习者理解展览内容的历史和文化背景；通过设计问题支架，引导学习者主动思考和探索展览主题；通过构建合作学习支架，促进学习者之间的交流与互动，共同构建知识体系。

3. 博物馆学习中学习支架搭建技术

在博物馆学习中，学习支架的搭建可以通过以下几个方面来实现。

第一，基础性知识分析。在参观博物馆之前，教师需要明确学习的目标，如了解某个历史时期、艺术流派或文化背景等。这有助于学习者有针对性地学习和参观，避免走马观花。

第二，确定最近发展区。教师可以根据学习目标制订详细的参观计划，包括参观的时间、路线、重点观察对象等。这有助于学习者更好地了解博物馆的布局和展品，提高参观效果。

第三，关于问题设计与子问题的分解。教师可借助概念图、思维导图等辅助工具，协助学生整理展览内容，构建清晰的知识架构；通过创设问题链或情境模拟等方法，引导学习者深入思考与探究展览主题；利用数字化技术，构建虚拟博物馆或在线展览，为学习者提供更为丰富和多元化的学习体验。

第四，启迪与引导。博物馆的学习活动不仅仅是知识的积累，更是思维能力的锻炼。因此，学习支持体系的设计应当引导学习者进行深度思考与探索，激励他们提出个人的见解与观点，从而培养他们的批判性思维与创新才能。

通过基础性知识分析、确定最近发展区、问题设计与子问题分解、启发与引导等方面，教师可以帮助学习者更好地了解博物馆的展品和历史文化，提高学习的效果。

12.1.4 附带性学习支持技术

1. 附带性学习的理论基础

长期以来，人们普遍将关注点过度集中在由正规机构提供的教育和学习活动上，而对在社会交往和自然环境接触过程中产生的非正式学习有所忽略，其中也包括博物馆中的非正式学习。非正式学习概念出现的时间并不长，它是随着联合国教科文组织于20世纪40年代"非正式教育"的提出而衍生的。[1]非正式学习更加强调以学习者为中心，自我发起、自我调控、自我负责；更加凸显情境性，不受时间和空间的限制，强调学习无处不在、无时不在；更加追求知识的更新与迭代，学以致用，重视问题的发现与解决。这种非正式、具有生成性、偶发性的学习机制被称为附带性学习。

2. 博物馆学习具有附带性学习的典型特点

在博物馆这个充满各种展品和互动体验的环境中，除了主动寻求学习的目标内容之

---

[1] 成尚荣. 非正式学习推动育人方式的深刻变革[J]. 中国教育学刊，2022（12）：8-10.

外，学习者还会无意识地获取很多额外的知识和信息。这种附带性学习通常发生在参观者浏览展品、参与活动或与他人交流的过程中。此外，博物馆的展览和活动往往也是附带性学习的重要来源。一些互动性强的展览和实验活动，可以让学习者在亲身体验中学习到科学知识、技能和方法。这种学习方式往往更加生动、有趣，也更容易让参观者产生深刻的印象。

在学习过程中，与其他参观者的互动亦是间接学习的关键途径。例如，学习者可能会遇到来自不同领域、不同背景的人士，通过与他们的交流，能够接触到多元的观点和见解，进而拓宽自身的视野，转变自身的思维模式。

3. 博物馆学习中附带性学习的支持技术

在博物馆学习过程中，教师要有临场反应的能力和准确把握教育契机的能力，并且心中要有全面、完整的教育观，能综合运用目标动态调整技术、资源链接技术、及时性评价与追问技术、探究兴趣维系技术等维持学习者学习兴趣。在博物馆学习中，学习者的兴趣和需求可能随着展览内容的变化而发生变化。因此，利用目标动态调整技术，教育者可以实时关注学习者的学习状态，根据他们的反馈和表现，动态调整学习目标，确保学习内容与学习者的兴趣和能力相匹配。通过构建数字化的资源链接平台，博物馆可以将各类资源整合在一起，为学习者提供一个一站式的学习环境。此外，资源链接技术还可以实现与其他博物馆、研究机构等的资源共享和合作，进一步拓宽学习者的学习视野。同时，教育工作者可根据学习者提供的反馈及存在的疑惑，提出具有针对性的问题，以引导他们进行更深入的思考与探究。这种及时性评价与追问技术有助于激发学习者的学习动力，提升他们的学习效果。

12.1.5 学习动机维持技术

1. 学习动机的理论基础

学习动机（motivation to learn）是指引起学习活动，维持学习活动，并使该学习活动趋向教师所设定目标的心路历程。心理学家从不同角度对学习动机进行了阐释，主要包括强化理论、归因理论、需要层次理论、自我效能感理论、成就目标理论等。[1]依据

---

[1] 范晓玲. 教育统计学与SPSS[M]. 长沙：湖南师范大学出版社，2005.

学习动机理论，若博物馆展览中的展品能够激发学习者产生自发的、愉悦的学习体验，此类体验将转化为内在的奖赏。在这种动机的驱使下，学习者将更投入学习过程，随着学习的深入，其能力亦将得到相应的提升。而深入参与的直接效应则是感知、智力和情感的全面提升。

2. 博物馆学习中学习动机的特点

在博物馆中，学习者并没有外在学习压力驱动，并且每个学习者的兴趣点不同且会随着参观过程中学习兴趣的变化而变化。好奇心驱使学习者运用其感官去融入环境所提供的各种刺激。在博物馆教育活动中，学习者接触到的展品的形态、尺寸、色彩，以及学习环境中的声音和光线等元素，均能吸引他们的注意力，并进一步激发他们的好奇心，从而促使他们积极地参与教育活动。当学习者参与其中时，许多经过个人筛选的信息会进入短期记忆，因为好奇心、期望获得解答及个人反应均会形成持续的注意力，而使得一些信息成为长期记忆；进入长期记忆后，便能发生信息提取与运用等动作，如此便可与外来刺激持续产生互动，形成认知学习的循环过程。[①]

3. 博物馆学习中学习动机的维持技术

在博物馆学习中，利用内在兴趣激发技术、多元智能运用技术、学习者行为观察技术、核心任务牵引技术等可以有效维持博物馆学习中学习者的学习动机。

首先，对于内在兴趣激发技术，教师需要深入了解学生的兴趣点，将博物馆的展览内容与学习者的兴趣相结合。教师可借助故事、游戏等富有趣味性的活动方式，使学习者在轻松愉悦的环境中进行学习。

其次，在运用多元智能运用技术时，教师需要了解并尊重每个学习者的智能差异。在策划博物馆学习活动时，教师应深入考虑学习者多样化的智能特征，并设计多种学习任务与活动，以适应不同智能类型学习者的需求。

再次，在应用学习者行为观察技术方面，教师需细致观察学习者在博物馆学习过程中的行为表现，涵盖参与程度、互动情况及情绪反应等方面。此外，教师亦可借助现代技术工具，例如学习分析工具或观察记录表，以更系统化的方式搜集与分析学习者的学习数据。

---

① 曹默. 博物馆儿童教育活动执行过程的分析——以上海地区博物馆为例[D]. 上海：复旦大学，2010.

最后，在应用核心任务牵引技术时，教师应为学习者设定明确且具有挑战性的核心任务，这些任务旨在激发学习者的学习兴趣和探究欲望，并促进他们综合运用所学知识与技能。在设定任务时，教师应考虑学习者的年龄、认知水平及兴趣特点，确保任务的适宜性和有效性。同时，教师还应在任务执行过程中提供适当的指导与支持，协助学习者克服困难，达成任务。

12.1.6 深度对话技术

1. 深度对话的理论基础

巴赫金的对话理论指出："一个答案本身没有产生新的问题，它就会从对话中消失。"[1]在博物馆学习样态的构建中，对话理论揭示了对话可作为教育手段或工具，协助知识的构建，更关键的是，参与对话会成为改变个体自身及现实世界的一种途径。对话教学是达成深层次教学的关键路径之一。从深度学习的视角审视教学，其具备深度对话性、互动性、合作共建性三大基本特征。基于这些认识，若想将博物馆学习发展至深度学习的层面，教师必须精通深度对话的技巧。此类对话不仅能够提升学习成效，还能培养学习者的批判性思维、沟通技巧及合作精神。

2. 深度对话有利于高阶思维的培养

在博物馆学习领域，所谓的深度对话是一种行之有效的教学方法，其理论基础深植于深度学习的理念之中。该方法着重于学生对知识的深刻理解和实际运用，避免了仅仅停留在表层记忆的局限。深度学习理论在博物馆教育实践中能够帮助学习者更深入地理解展品的历史、文化和社会意义，培养他们的批判性思维、沟通能力和合作精神。通过引导提问、组织小组讨论、引入背景信息、鼓励反思以及建立支持性的学习环境，教师可以有效地促进博物馆学习中的深度对话的发生。因此，在未来的博物馆学习中，我们应该更加注重对对话的运用，让深度学习理论更好地服务于学习者的成长和发展。

3. 博物馆学习中运用深度对话

在博物馆中，学习者接触到的是大量的、碎片化的信息，如何将这些信息整合成一个完整的知识体系，就需要高阶思维的参与。教师在博物馆学习中运用深度对话的策略

---

[1] VYGOTSKY L S. Mind in society: the development of higher psychological process, cambridge[M]. MA: Harvard University Press, 1978.

时，可以通过对话的方式，帮助学习者梳理知识脉络，引导他们将新的知识与已有的知识相联系，进而引导他们深入思考展品的内涵和意义。此外，教师可以鼓励学习者对展品提出自己的看法和见解，通过讨论和辩论的方式，锻炼学生的批判性思维能力。同时，教师还可以引导学习者从不同的角度思考问题，激发他们的创新思维，鼓励他们提出新的观点和想法。

12.1.7 学习活动管理技术

1. 学习管理系统的理论基础

近些年来，学习管理系统发展相当迅速，大致经历了从 CMS（内容管理系统）到 LMS（学习管理系统），再到 LCMS（学习内容管理系统）的发展历程。其中 CMS 侧重学习对象和学习内容的管理，LMS 侧重于对教务教学、行政事务的管理，LCMS 则是 LMS 学习管理功能与 CMS 内容管理功能的集合。[①]

2. 博物馆学习的开放性对学习活动管理提出的挑战

博物馆学习的开放性为学习活动管理带来了诸多挑战，特别是在布展逻辑与学习活动设计不一致、空间开放、人员混杂以及现场指导教师缺乏等具体问题上表现得尤为突出。博物馆的布展通常以展品为中心，按照一定的历史、文化或艺术逻辑进行排列，而学习活动则可能侧重于特定的知识点、技能或思维能力的培养。当两者无法有效融合时，学习者可能会感到迷茫，难以将所学知识应用于实际情境中，从而影响了学习效果。此外，博物馆的环境也可能存在噪声、光线等干扰因素，影响学习者的学习体验。这些因素都要求学习活动管理者具备更强的组织能力和应变能力，以确保学习活动的顺利进行。博物馆作为公共场所，吸引了来自不同年龄段、文化背景和教育水平的参观者。这使得学习者在学习过程中可能会受到其他参观者的干扰或影响，难以保持专注和投入。同时，不同学习者的学习需求和兴趣也可能存在差异，如何满足不同学习者的需求，提高学习效果，也是学习活动管理者需要面对的问题。

3. 博物馆学习中学习活动管理技术的运用

教师在活动中起到引领、组织、监督、管理、评价的作用。教师需综合运用学习活

---

① 曹晓明，何克抗.学习设计和学习管理系统的新发展[J].现代教育技术，2006（4）：5-8.

动管理技术，让整个博物馆学习活动更有序、更高效。

第一，在参观或活动开始前，教师应与学习者共同明确此次博物馆学习的目标和任务，确保学习者了解他们需要关注什么、学习什么。这有助于学习者在参观过程中保持专注，避免漫无目的地浏览。

第二，需制订详尽的活动规划。教师应依据博物馆的展览布局及学习者的学习需求，拟定周密的活动方案，涵盖参观路线、时间分配、讲解要点等。此举有助于学习者更深入地理解并吸收展览内容，同时确保活动的顺畅进行。

第三，应实施分组管理策略。依据学习者的年龄、兴趣及学习能力等要素，将学习者划分为若干小组，并指派小组负责人。小组负责人须辅助教师管理小组成员，确保他们在参观过程中维持秩序，遵守规章制度。

第四，加强现场指导与监督。教师在活动场所应密切关注学习者动态，及时解答其疑问，引导他们深入探究展览内容。此外，教师还应监督学习者的行为，防止他们破坏展品或影响其他参观者。

第五，注重安全管理。博物馆内可能存在一些安全隐患，如楼梯、玻璃展柜等。因此，教师在活动前应提醒学习者注意安全，避免发生意外。同时，教师还应准备好应急预案，以应对可能出现的突发情况。

第六，教师应根据学习者的表现和反馈，对活动效果进行评估，以便不断改进和优化学生管理工作。

12.1.8 伴随式评价技术

1. 伴随式评价的理论基础

伴随式评价起源于美国对于生态问题、环境问题的关注，也被称作生命周期评价（life cycle assessment）。伴随式评价原是一种对不同类型的材料、能源及化学制品的净流量进行量化处理，从而达到对其产生的环境影响进行合理评估的目的的方法。后有研究者将其应用到工程和制造教育中，用以量化产品、货物或服务在其整个生命周期中的环境影响。近年来，随着科学技术和网络教育的发展，研究者们也开始尝试将伴随式评价应用于课堂评价之中，在多元数据的驱动下，对有关的学习过程进行全方位、多层次的持续追踪和记录，并对学习者进行动态监管与及时反馈，利用学习分析、数据挖掘等技术刻画学习者的学习状态，综合分析和判断其学习状况。博物馆学习是一种非正式的混合式学习，面向学习者的评价应更多关注博物馆学习过程中的学习表现、方法与专注度等。

2. 伴随式评价是确保博物馆学习质量的关键

伴随式评价使教师能够实时掌握学习者的学习情况。在博物馆这个特殊的学习环境中，学习者往往通过直观的观察、互动体验等方式进行学习。教师通过伴随式评价，可以即时获取学习者的学习反馈，了解他们在学习过程中的困惑和收获。伴随式评价还有助于教师更全面地了解学习者的学习特点和需求。通过评价数据的分析，教师可以发现不同学习者在博物馆学习中的兴趣点、优势以及需要改进的地方。这种个性化的学习分析有助于教师因材施教，为每个学习者提供更适合他们的学习资源和指导方法。教师还能根据学习者的需求，不断优化博物馆的教学设计和活动安排，使其更符合学习者的学习特点和发展需求。伴随式评价也是教师自我反思和专业成长的重要途径。通过分析反馈数据，教师得以审视自身在博物馆教学活动中的表现，识别在教学方法和策略等方面存在的不足之处，并据此有目的地提升教学能力。此外，教师亦可与同行分享评价数据及经验，共同探讨博物馆教学的最优实践，以促进教师间的交流与合作，进而共同推进博物馆教育事业的发展。

3. 博物馆学习中伴随式评价技术的运用

伴随式评价理论强调在学习过程中进行持续的评估和反馈，以促进学习者的学习进步和教师教学调整。教师在运用这项技术时应注意以下几个方面。

第一，及时反馈。在博物馆学习中，教师可以利用观察、互动交流和评估任务等方式搜集学习者的学习信息，并及时给予反馈和建议，促进学习者调整学习策略和提高学习效果。

第二，动态调整教学。在博物馆学习中，教师可以根据学习者的兴趣点、学习需求和学习困难等动态调整教学计划和活动安排，提高教学的针对性和有效性。

第三，增进师生互动。伴随式评价注重教师与学习者之间的互动沟通与协作。在博物馆学习活动中，教师可借助互动沟通、小组讨论等多种方式，促进师生互动及学习者之间的合作。

第四，全程监控与记录。在博物馆学习中，教师可以观察学习者的行为、参与度和表现等，并记录下来作为评价的依据。通过全程监控和记录，教师可以更好地了解学习者的学习状况并及时发现问题，同时也有助于自己做教学反思和总结经验教训。

12.2 对教师的给养

博物馆作为知识与文化的汇聚地，不仅为学习者提供了丰富的学习体验，同样也为教师提供了宝贵的给养。教师的专业成长是教育质量提升的关键，而博物馆学习正是一个能够促进教师全面发展的重要途径。下文将探讨博物馆学习中教师给养的内涵，分析如何从技术、文化和资源等多个维度促进教师的专业成长，以期为教师利用博物馆资源提升自我提供指导。

12.2.1 给养理论的内涵

给养（affordance）概念最初属于生态学范畴，表示环境提供、配备给生物体的各种积极或消极的机会与可能性，同时，生物体也从被感知的内容中提取信息以便采取相应的行动。[①]后来，给养概念被广泛运用到人机交互的设计和研究领域中，并被区分为存在的给养和被感知到的给养。给养因此被认为是那些能被学习者感知、可能被使用的属性。给养理论诞生后逐渐受到教师、教学设计者、培训者等的关注，因为各种技术、工具及其他环境的给养能够提高教与学的效果。[②]

12.2.2 博物馆学习中教师需要给养

教师在博物馆学习的过程中是一个关键的角色，博物馆学习的教育价值在很大程度上依赖于教师的安排。教师通过对课程升维技术、无边界环境创设技术、学习支架搭建技术、附带性学习支持技术、学习动机维持技术、深度对话技术、学习活动管理技术、伴随式评价技术的学习，深刻掌握博物馆学习样态的内涵、底层逻辑、核心要义与关键要素，进而让学生深度理解与知识创造在博物馆学习中真实发生。教师对博物馆的认识以及在设计和实施博物馆学习时所持的观念深刻影响学习者的学习过程。在博物馆学习的具体过程中，教师的参与方式与教学风格也会影响学习者的学习效果。所以，博物馆学习能提

---

① GIBSON J. J.. The ecological approach to visual perception[M]. New York：Psychology Press, 2014.
② MCGRENERE J, HO W.. Affordances：Clarifying and evolving a concep[C]. Montreal：Graphics interface conference. DBLP, 2000.

供给教师课程资源，丰富教师文化内涵，充实教师技术手段，让教师进一步实现专业发展。

12.2.3 博物馆学习中教师给养的内涵

在博物馆学习的背景下，教师的给养是一个多维度的概念，涵盖了技术给养、文化给养以及资源给养三个层面，在教师的专业成长中起到了举足轻重的作用。

1. 技术给养

博物馆学习为教师提供了丰富的技术给养。在博物馆中，教师能够接触到各种先进的展示技术和互动设备，例如数字化导览、虚拟实境、3D打印等。通过参与这些展示和学习，教师不仅能够了解最新的教育技术趋势，还能掌握实际操作技能，为课堂教学注入新的活力。此外，博物馆内的多媒体资源与信息技术平台为教师提供了便捷的资源共享与学习交流的机会，有助于教师拓宽教学视野，提升教学技能。

2. 文化给养

博物馆学习对于教师的文化给养尤为重要。博物馆作为文化遗产保护与传承的关键场所，承载着深厚的历史文化内涵。在博物馆学习中，教师可以通过深入观察和体验展品，了解历史脉络、文化传承和人文精神。这种学习不仅能够丰富教师的知识储备，还能够拓宽其文化视野，使其在教学中能够更好地传承和弘扬中华优秀传统文化。同时，博物馆中的文化氛围和艺术气息也能够激发教师的创新思维和审美情趣，有助于提升教师的综合素质。

3. 资源给养

博物馆学习还为教师提供了丰富的资源给养。博物馆中的展品、文献资料、研究成果等都是宝贵的教学资源。教师可以通过博物馆学习，获取到丰富的教学素材和案例，为课堂教学提供有力的支撑。此外，博物馆频繁组织各类学术讲座与研讨会，为教师群体提供了与学术界专家直接对话的平台，有助于教师掌握学科最新发展动态，增进学术修养。同时，博物馆中的实践项目和合作机会也能够为教师提供实践锻炼和合作研究的平台，有助于教师实现专业成长和职业发展。

博物馆学习能够从技术给养、文化给养和资源给养等多个方面促进教师的专业成长。因此，教师应积极运用博物馆这一宝贵的学习资源，不断提升自身的专业素养和教学能力，为培育更多优秀人才贡献自己的力量。

后　　记

　　博物馆和学校各自拥有独特的资源和专业优势。学校具备丰富的教学空间、优良的学习环境、完备的课程体系以及专业的教育团队和教学资源。博物馆则收藏有丰富的展品、策划有精彩的展览并承载着丰富的文化遗产。2020年10月，教育部与国家文物局联合印发了《关于利用博物馆资源开展中小学教育教学的意见》，它成为推动馆校合作的重要动力。通过合作，学校可以借用博物馆的资源，创新博物馆课程，进行课程资源开发、运用与转化，以教学方式的转型引领学校变革，为学生提供更加生动、直观的学习材料。馆校合作提供了学习氛围浓厚、自由开放的学习环境，打破了空间约束对教学形式的限制，形成了涵盖面广、特色突出、探究性强的课程学习资源。

　　在此背景下，《博物馆学习的样态构建与教师实践技术搭建研究》以"学习即知识创造"的隐喻建立博物馆学习的理论视角，研究博物馆学习中的底层逻辑、核心要义、关键要素等；研究在不同的博物馆类型中，开展不同的学习活动，运用体验式、具身性、探究式、项目式、游戏化等不同的学习方式，系统性展开过程性、结果性评价，最终实现博物馆学习中学生的深度理解与知识的自我创造。同时，研究了教师在组织实施博物馆学习过程中应获得的实践技术。读者可通过此书掌握基本的博物馆学习理论和具体可操作的范例，参与博物馆学习样态构建，开展系统性实践。

　　未来，我们将继续沿着这一研究方向，通过让"学校成为博物馆"，进一步打破学校与博物馆之间的物理空间阻隔和知识经验壁垒。当然，"学校博物馆"不是为了建馆而建馆，而应该有现实的基础条件，依据核心素养发展目标，让博物馆学习真正成为学校课程的有机组成部分，为学生提供高质量的学习机会。

　　当然，我们还应该扩大博物馆的内涵与外延，将博物馆扩展为"场馆"，以此建立涵盖博物馆在内的各种封闭的"馆"和开放的"场"的集合。根据国际博物馆协会（ICOM）的定义，场馆是一个为了教育、研究、欣赏等目的而设立的机构，它收藏、保护并向公众展示具有各种主题和价值的物品。因此，场馆包括了博物馆、图书馆、档案馆、动物园、植物园、科学中心等各种类型的机构。让学校成为博物馆，不仅是指学校利用自身空间进行小型博物馆的建设，更是指在馆校合作的背景下，全面拓展博物馆学习的场域与方式。

本书凝结了笔者的智慧与努力，是博物馆学习研究的一个新成果。笔者期待更多学者对该领域的关注和深入研究。

作　者

2024年12月